THÈSE

POUR LE DOCTORAT

DE LA CAPACITÉ

DE LA

FEMME SÉPARÉE DE CORPS

(LOI DU 6 FEVRIER 1893)

THÈSE POUR LE DOCTORAT

L'ACTE PUBLIC SUR LES MATIÈRES CI-APRÈS

Sera soutenu le samedi 24 décembre 1898, à 8 h. 1/2

PAR

André ULRICH

AVOCAT A LA COUR D'APPEL

ANCIEN SECRÉTAIRE DE LA CONFÉRENCE

Président : M. MASSIGLI.

Suffragants : MM. WEISS, ESTOUBLON, *professeurs.*

PARIS

LIBRAIRIE NOUVELLE DE DROIT ET DE JURISPRUDENCE

ARTHUR ROUSSEAU

ÉDITEUR

14, RUE SOUFFLOT ET RUE TOULLIER, 13

1898

INTRODUCTION

Si l'on examine la situation faite dans notre droit actuel à la femme mariée, il est impossible de ne pas reconnaître son excessive infériorité.

Les actes que la femme mariée est capable d'accomplir seule sans le concours et l'autorisation de son
mari sont rares. Elle peut disposer par testament des
biens qui lui appartiennent (art. 905, alin. 2, C. civ.),
révoquer les donations qu'elle a faites à son mari pendant le mariage (art. 1096, alin. 2, C. civ.), faire transcrire les donations qu'elle a dûment acceptées avec
l'autorisation maritale (art. 940), plus généralement
procéder à tous actes conservatoires de ses droits (arg.
art. 2139, C. civ.). Elle a le droit d'accepter une donation pour ses enfants mineurs (art. 935, alin. 2, C. civ.),
de consentir à leur mariage ou à leur adoption, — dans
ces actes la femme n'intervient pas comme femme
mariée, — de révoquer un mandat, de reconnaître un
enfant naturel qu'elle aurait eu avant son mariage (arg.
art. 337, C. civ.), de se défendre en matière criminelle
ou de police (art. 216).

Bien entendu il ne saurait être question d'autorisation maritale en ce qui concerne les délits, quasi-
délits ou quasi-contrats en vertu desquels et par l'effet
de la loi, la femme se trouve obligée (art. 216).

Pour tous les autres actes de la vie civile, actes judiciaires ou extra-judiciaires, la femme est incapable, et quel que soit son régime matrimonial (1), il lui est interdit de contracter, de donner, d'aliéner, d'hypothéquer, de transiger, de compromettre, de faire le commerce (arg. art. 220), d'exercer une profession quelconque, de publier des œuvres littéraires, scientifiques ou artistiques, d'acquérir à titre onéreux ou gratuit par voie de donation ou de succession, sans le concours de son mari dans l'acte, ou sans son consentement par écrit (art. 217 et sq., 776, 905, 934, C. civ.). Elle ne peut non plus ester en justice (art. 215), même lorsqu'elle est marchande publique dûment autorisée, sans l'assistance ou l'autorisation de son mari. Au cas de refus du mari (art. 218, 219, C. civ.), ou si ce dernier est dans l'impossibilité physique ou légale de l'autoriser (art. 221, 222), la femme est tenue d'obtenir l'autorisation de justice.

En dehors de cette incapacité, les droits mêmes de la femme, et non plus les moyens de les exercer, peuvent être restreints par l'adoption de tel ou tel régime matrimonial quant aux biens. Sous le régime de la communauté légale, sous le régime de la communauté conventionnelle, sous le régime sans communauté, sous le régime dotal, le mari puise dans les pouvoirs qui lui sont attribués par la loi ou la convention, le droit exclu-

____

(1) V. Beudant, *Cours de droit civil français*, I, nᵒˢ 315 et sq.

sif d'administrer les biens de la femme, les biens dotaux tout au moins sous le régime dotal, et de toucher les revenus de ces biens (art. 1428, 1528, 1530, 1549, C. civ.). Ce n'est que sous le régime de la séparation de biens que la femme a la libre jouissance de ses revenus, à la condition toutefois de contribuer aux charges du ménage, et dans une mesure restreinte, nous le verrons, l'administration de ses biens (art. 1449, 1536 et sq.).

L'incapacité de la femme est donc presque absolue. Cette situation doit-elle être maintenue ?

Certes, il n'est pas douteux que la société conjugale a besoin d'un chef, que l'homme, par sa supériorité physique et morale, ses aptitudes propres, sa connaissance plus grande des affaires, est tout naturellement désigné pour cette fonction. Il n'est pas douteux encore que, pour l'exercer utilement, il lui faut une autorité suffisante. « Mais, comme le dit M. Pascaud, nous ne sommes plus aux époques où son pouvoir de chef de famille et de mari, fondé sur la nécessité et sur la force, devait, pour qu'il pût accomplir sa mission protectrice des intérêts de tous, être armé de droits exorbitants. Aujourd'hui, la femme est en mesure de se protéger elle-même au point de vue pécuniaire, et elle est capable de défendre efficacement ses intérêts aussi bien que ceux de la famille, au moins dans la généralité des cas. N'est-elle pas, en effet, plus instruite, mieux au courant des affaires, plus initiée aux questions qui concernent l'administration des biens, et plus à même de se procurer les conseils spéciaux nécessaires à la gestion d'un patrimoine? A cet accroissement de capacité générale doit correspondre une extension de sa capacité civile (1). »

Mais dans quelle mesure convient-il d'accroître, d'étendre la capacité civile de la femme mariée?

Faut-il aller jusqu'à faire table rase du passé, jusqu'à proclamer entre le mari et la femme une égalité absolue de droits en ce qui concerne leurs intérêts pécuniaires?

Cambacérès l'a proposé à la Convention le 9 août 1793, dans un rapport sur son premier projet de Code civil (2). M. Laurent, dans l'avant-projet de révision du Code civil belge, s'est inspiré des mêmes idées (3).

(1) Pascaud, *De la capacité civile de la femme mariée*, p. 45.

(2) Aux termes des articles 11, 12, 13 du titre 3 des droits des époux, il devait y avoir entre le mari et la femme, une égalité absolue de droits en ce qui concernait leurs intérêts pécuniaires.

Art. 11. — « Les époux ont et exercent un droit égal pour l'administration de leurs biens. »

Art. 12. — « Tout acte emportant vente, engagement, obligation ou hypothèque sur les biens de l'un ou de l'autre n'est valable que s'il est consenti par l'un et l'autre époux. »

Art. 13. — « Les actes ayant pour objet de conserver les droits communs ou individuels des époux, peuvent être faits séparément par chacun d'eux. »

(3) Les articles 1452, 1453, 1454 de l'avant-projet de révision du Code civil belge, disposent que la communauté est administrée par les deux époux conjointement, que la femme a la faculté de procéder seule aux actes d'administration journalière, et qu'enfin les actes de disposition des biens de la communauté, à titre gratuit ou onéreux, ne peuvent être consentis que conjointement par les époux. Ce système supprime la puissance maritale.

Convient-il, tout au moins, pour remédier aux inconvénients, aux abus de la puissance maritale, de
substituer par une modification complète de notre législation, la séparation de biens en tant que régime de
droit commun à la communauté légale ?

A ces deux questions nous répondrons négativement.
Nous écartons ces solutions comme trop radicales,
trop absolues. Nous n'hésitons pas à penser que le
pouvoir marital doit être maintenu dans ce qu'il a d'essentiel pour ne pas enlever au chef de famille la légitime autorité qui doit lui appartenir ; ce pouvoir doit
seulement être modifié, de telle sorte qu'absolu, despo-
tique, excessif même à l'origine, il devienne, par une
évolution rationnelle, plus tempéré, plus contractuel
en quelque sorte (1).

D'autre part, le régime de séparation de biens qui
constitue le droit commun, comme nous le verrons, de
plusieurs pays étrangers (2), de la Russie, de l'Angleterre, depuis une loi de 1882, de divers Etats de la Ré-
publique des États-Unis, présente ce très grave inconvénient de ne pas être en harmonie avec nos mœurs
nationales, civiles et familiales. Depuis des siècles, nous
nous sommes habitués à la solidarité d'intérêts entre
membres d'une même famille. Quels qu'aient pu être
parfois les abus du pouvoir marital, abus produits par

(1) Pascaud, *op. cit.*, p. 45.
(2) V. Baudry-Lacantinerie, Le Courtois et Surville, *Du contrat de
mariage*, I, n° 71.

l'égoïsme, par l'inconduite du mari, il nous répugnerait néanmoins pour y échapper d'établir, comme régime normal de la société conjugale, un système où tous les intérêts seraient distincts et séparés au lieu d'être solidaires et unis.

M. Goirand, dans l'exposé des motifs d'une proposition de loi, ayant pour objet d'assurer à la femme mariée la libre disposition des produits de son travail, déposée le 9 juillet 1894, a très nettement mis ces idées en relief : « La communauté légale, dans son acception vulgaire, ce n'est pas ce régime si soigneusement délimité par le Code avec ses trois masses de biens, son système si rigoureusement équitable de récompenses et d'indemnités. C'est plutôt une sorte de mise en commun des ressources des époux en vue de satisfaire aux charges du ménage, c'est la constitution d'une sorte de patrimoine familial dans lequel le chef puise à son gré pour satisfaire aux besoins de chacun, sans que ni femme ni enfant puisse lui opposer un droit privatif. C'est au plus haut degré la confusion, l'identification des intérêts entre les époux. Cet ordre d'idées a donné naissance en France à des usages qui s'imposent au respect de tous avec non moins de force qu'une loi positive. »

Il faut donc renoncer à proclamer l'égalité absolue de droits entre le mari et la femme. Arrivera-t-on jamais d'ailleurs à effacer les différences essentielles, physiques , morales, intellectuelles qui séparent les

deux sexes ? Et il ne faut pas davantage songer à substituer la séparation de biens comme régime de droit
commun matrimonial à la communauté légale. Ce sont
là des réformes trop radicales, trop absolues, pour pouvoir être accueillies.

Cependant, la question de l'extension des droits de
la femme est à l'ordre du jour. Nous constaterons, au
cours de notre étude, que toutes les législations étrangères modernes ont successivement obéi à cette même
tendance marquée et sans cesse grandissante vers l'a-
mélioration, l'adoucissement de la condition de la
femme, et vers l'extension, l'accroissement de sa capacité. Précédée dans cette voie par la plupart des nations
civilisées, la France, depuis une vingtaine d'années, s'y
est engagée à son tour. Diverses réformes ont déjà été
accomplies en ce sens, d'autres sont sur le point d'a-
boutir. Il nous paraît intéressant de les passer rapidement et succinctement en revue.

Tout d'abord une loi du 21 décembre 1880 a établi
pour les femmes l'instruction secondaire ; jusqu'à cette
époque, il n'existait pour la femme aucune organisation
d'instruction secondaire ni de délivrance de diplômes
équivalents à ceux des hommes.

Un peu auparavant, la loi du 27 février 1880, en
créant le Conseil supérieur de l'Instruction publique, y
avait accordé aux femmes l'électorat et l'éligibilité.
Celle du 30 octobre 1886 devait leur conférer les mêmes droits dans les élections aux conseils départemen-
taux de l'Instruction primaire.

D'autre part, la loi du 27 juillet 1884, portant rétablissement du divorce, a mis fin à l'inégalité qui existait précédemment au point de vue civil entre l'homme et la femme en matière d'adultère (1).

Dans un autre ordre d'idées, une loi du 9 avril 1881, portant création des caisses d'épargne postales, a autorisé les femmes mariées, quel que soit le régime de leur contrat de mariage, à se faire ouvrir des livrets sans l'assistance de leurs maris, et à retirer elles-mêmes, sauf opposition de ces derniers, les sommes qu'elles auraient déposées. Ainsi, se trouve conciliée, avec le pouvoir marital, la nécessité pour la femme de se procurer les moyens de pourvoir aux besoins du ménage, et à l'entretien de la famille. Ce système n'a sans doute qu'une efficacité relative, car il est bien difficile en fait à la femme de mettre toujours à l'abri de la prodigalité maritale les sommes qu'elle veut placer et spécialement les produits de son travail. Elle aura cependant quelques chances de conserver une partie de son épargne. Et, en effet, le mari ignorera souvent la constitution des livrets et n'aura pas à s'opposer aux retraits des dépôts hors sa présence.

(1) Sous l'empire du Code civil, l'adultère de la femme, en quelque lieu qu'il eût été commis, fût-ce en dehors de la maison conjugale, et alors même qu'il constituait un fait isolé, pouvait servir de base à une demande en divorce formée par le mari (art. 229). Au contraire, l'adultère du mari ne devenait une cause de divorce pour la femme qu'autant que le mari avait tenu sa concubine dans la maison conjugale. La loi de 1884 a fait disparaître cette restriction. Elle a rétabli l'égalité complète entre les époux quant aux suites civiles de l'infidélité.

Dans le même ordre d'idées, la loi du 20 juillet 1895 (art. 16, alin. 4) sur les caisses d'épargne ordinaires facilite aux femmes mariées les dépôts, et les retraits de fonds. Enfin, la loi du 20 juillet 1886 sur la caisse des retraites pour la vieillesse contient (art. 13) un ensemble important de dispositions à cet égard.

D'autre part la loi du 9 mars 1891, sur la succession du conjoint prédécédé, permet dorénavant à la veuve qui a, du vivant de son mari, vécu dans l'aisance et peut-être dans le luxe, d'échapper aux conséquences de la misère.

La loi du 6 février 1893 qui doit faire tout particulièrement l'objet de notre étude, a restitué à la femme séparée de corps, le plein exercice de la capacité civile et l'a affranchie de toute autorisation dans la gestion de ses intérêts pécuniaires.

Une loi promulguée à la date du 9 décembre 1897 a accordé à la femme majeure et jouissant de ses droits civiques, le droit d'être témoin dans les actes de l'état civil et les actes instrumentaires en général.

Enfin, une dernière loi toute récente, promulguée le 23 janvier 1898, a conféré l'électorat aux femmes dans les élections aux tribunaux de commerce.

Il faut ajouter que, depuis plusieurs années, le Parlement a été saisi de plusieurs propositions de loi favorables à l'extension de la capacité civile de la femme.

La Chambre des députés a été saisie le 27 octobre 1895 d'une proposition de loi de M. Michelin, député de Paris, ainsi conçue : « Article unique : l'incapacité légale de la femme mariée est abolie. L'étendue de sa capacité est déterminée par son régime matrimonial. Les articles 215, 217, 218, 221, 222, 224 et 225 du Code civil sont abrogés ainsi que les dispositions contraires à la présente loi. »

La Chambre des députés a encore été saisie tout à la fois, d'une proposition de loi de M. Jourdan et de plusieurs de ses collègues, ayant pour but de protéger la femme contre certains abus de la puissance maritale, et d'une autre émanée de M. Goirand tendant à l'attribution de ses gains et profits personnels à la femme mariée. Déposé le 9 juillet 1894, objet d'un rapport favorable de la commission d'initiative, le 21 décembre suivant, ce dernier projet a été ensuite soumis à une commission spéciale qui l'a complété et combiné avec la proposition de M. Jourdan, puis enfin l'œuvre de cette commission a été adoptée, sans discussion après déclaration d'urgence, et transmise au Sénat qui ne l'a pas encore examinée.

Tout le monde admet aujourd'hui qu'il est bon, dans l'intérêt de la famille et de la femme, que celle-ci puisse disposer des produits de son travail. Toute une évolution législative très intéressante s'est dessinée en ce sens, dans les pays où l'on pratique, comme en France, le régime de communauté (1). Mais, dans quelle mesure

____

(1) Baudry-Lacantinerie, Le Courtois et Surville, *loc. cit.*, nᵒˢ 690 et sq.

ce droit de libre disposition devra-t-il s'exercer? La femme pourra-t-elle être autorisée à faire emploi du fruit de son travail, de son industrie ou de son talent en achats de valeurs, soit mobilières, soit immobilières, qui lui demeureraient propres et seraient soustraites à l'action de son mari et de ses créanciers, ainsi que l'admettent plusieurs lois étrangères?

Voici comment, dans son exposé des motifs, M. Goirand résout la question : « Certes, rien ne paraît plus équitable, mais quand on a examiné de près les conséquences de cette institution d'une sorte de séparation de biens partielle, on recule devant les difficultés pratiques. Comment, en effet, empêcher que le mari ne tente de dissimuler sous le nom de sa femme telle partie de sa fortune qu'il voudrait soustraire à ses créanciers? Comment les tiers pourraient-ils se tenir en garde contre les surprises de cette séparation de patrimoines que n'accompagnerait aucune publicité? Quelle source de procès que l'obligation, pour la femme, de justifier que les biens ainsi achetés par elle proviennent bien des fruits de son travail personnel. On ne saurait du reste, pour respecter à la fois la logique et l'équité, refuser au mari le même droit qu'on accorde à la femme, et dès lors, ce sont tous les acquêts de communauté passant sous le régime de la séparation de biens. Ces considérations nous ont amenés à cette conclusion que la réforme devrait nécessairement se borner à limiter les droits d'administration du mari, et conférer à

la femme sur les produits de son travail les mêmes
droits d'administration qu'exerce le mari sur tous les
autres biens de la communauté. » A la suite de cet exposé de motifs, voici comment était formulée la proposition de loi : « Quel que soit le régime adopté par les
époux, la femme a le droit de recevoir, sans le concours
de son mari, les sommes provenant de son travail personnel, et d'en disposer librement. Les pouvoirs ainsi
conférés à la femme, ne feront point échec aux droits
des tiers contre les biens de la communauté. »

Voilà les réformes déjà réalisées, celles qui sont peut-
être à la veille de l'être. Faut-il aller plus loin, et tout
en conservant à la puissance maritale ses prérogatives
essentielles, restreindre dans des limites plus étroites
des droits qu'il est impossible aujourd'hui dans l'état
de nos mœurs de ne pas considérer comme exorbitants
et excessifs? Nous réservons pour l'instant cette question
que nous n'examinerons qu'après avoir étudié la loi du
6 février 1893, le principe de la capacité civile de la
femme séparée de corps, et l'étendue d'application de
ce principe.

I. — HISTORIQUE DE LA LOI DU 6 FÉVRIER 1893.
TRAVAUX PRÉPARATOIRES.

La loi du 6 février 1893, portant modification du régime de la séparation de corps, a son origine dans une
proposition de loi déposée au Sénat, le 12 juin 1884,

par MM. Allou, Batbie, Denormandie et Jules Simon. Cette proposition beaucoup plus large, beaucoup plus compréhensive que la loi du 6 février 1893, intitulée : proposition de loi ayant pour objet les nullités de mariage et la modification du régime de séparation de corps, embrassait le régime de la séparation de corps, sa procédure, et les nullités de mariage (1).

Ses auteurs espéraient, d'une part, en élargissant le cadre des nullités de mariage, de l'autre, en remédiant à certains des inconvénients les plus graves du régime de la séparation de corps, faire échec à la loi sur le rétablissement du divorce qui était alors en discussion (2).

Ce but ne fut pas atteint. Et en effet, quelques jours à peine après le dépôt de la proposition, la loi sur le divorce était promulguée (27 juillet 1884).

La proposition cependant ne fut pas abandonnée (V. rapport de M. Allou). Discutée une première fois au Sénat (séances des 13, 17 et 18 juin 1885), elle fut dès le début de la seconde délibération (séance du 30 juin 1885), sur la demande de M. Brisson, alors garde des sceaux, renvoyée à l'examen du Conseil d'État.

Dans ses séances des 28 janvier, 10 et 18 février 1886, l'assemblée générale du Conseil d'État émit tout d'abord

---

(1) V. Pétition de M. Naquet renvoyée à la date du 5 décembre 1884 par la commission des pétitions à la commission du divorce, réclamant pour la femme séparée de biens le droit d'aliéner et d'hypothéquer ses immeubles, d'acquérir et d'ester en justice sans l'autorisation de son mari.

(2) V. Beudant, *loc. cit.*, n° 321 *f.*

l'avis qu'il n'y avait pas lieu de modifier les dispositions de l'article 180 du Code civil, d'étendre les cas de nullité de mariage (1).

L'Assemblée, dans les mêmes séances, délibéra et adopta un projet de loi « ayant pour objet certaines modifications au régime de la séparation de corps ».

Aux termes de l'article 1er de ce projet, l'article 108 du Code civil était ainsi complété : « La femme séparée de corps cesse d'avoir pour domicile légal le domicile de son mari ». L'octroi à la femme séparée de corps et de biens, du droit de se constituer un domicile légal distinct de celui de son mari, n'avait, lors de la première lecture, soulevé aucune objection au Sénat.

En ce qui concerne les droits et obligations réciproques des conjoints relativement aux noms, alors que le Sénat en première lecture avait adopté cette seule disposition : « Le jugement qui prononce la séparation de corps, peut interdire à la femme de prendre le nom de son mari, ou au mari de joindre à son nom celui de sa femme », le Conseil d'État, pour mettre fin aux débats soulevés par cette question du nom tant en matière de séparation de corps qu'en matière de divorce, adoptait deux dispositions distinctes, l'une relative au cas de divorce, l'autre au cas de séparation de corps ; la première était ainsi conçue : « l'article 299 du Code civil est complété ainsi qu'il suit : par l'effet du divorce, chacun des

____

(1) Rapport de M. Flourens : Sén., *Doc. parlement.*, 1886, p. 377. Avis du Conseil d'Etat, *ibid.*, p. 380.

époux reprend l'usage exclusif de son nom », la seconde :
« le jugement qui prononce la séparation de corps ou un
jugement postérieur, peut interdire à la femme de porter le nom de son mari ou au mari de joindre à son nom
celui de sa femme ».

En ce qui concerne la capacité civile de la femme séparée de corps, alors que le Sénat avait simplement
modifié l'article 1149, § 3, comme suit : « la femme séparée soit de corps et de biens, soit de biens seulement,
ne peut aliéner ses immeubles sans le consentement du
mari *ou* sans être autorisée par la justice » et s'était
ainsi contenté de donner à la femme séparée de corps
le droit d'opter entre l'autorisation maritale et l'autorisation de justice, le Conseil d'État, plus hardi, plus
libéral, adoptait une addition à l'article 311 du Code
civil dont le but était, après avoir constaté que la séparation de corps continuerait toujours à emporter la séparation de biens, de décider qu'elle aurait en outre pour
effet de rendre à la femme le plein exercice de sa capacité civile, sans qu'elle ait besoin, en aucun cas, de recourir à l'autorisation de son mari ou de justice.

Enfin, en ce qui concerne une quatrième amélioration proposée au régime de la séparation de corps, relative à la procédure organisée pour les préliminaires
de la demande en séparation de corps (période qui s'é-
coule entre la première ordonnance prescrivant la
comparution des parties et la seconde ordonnance qui
les renvoie à se pourvoir, résidence provisoire de la

femme, remise des objets à son usage personnel, garde des enfants), le Conseil d'État, comme le Sénat, était d'avis de modifier les articles 876 et 878 du Code de procédure civile en ce sens qu'à la première ordonnance désormais serait confié le soin de statuer provisoirement sur la résidence de la femme, la remise de ses linges et hardes, le sort de ses enfants et que, par le seul fait de la seconde ordonnance, la femme serait autorisée à engager et à suivre toutes procédures pour la conservation de ses droits et à ester en justice jusqu'à la fin de l'instance et des opérations qui en seraient la suite (1).

La commission du Sénat se rangea à l'avis émis par le Conseil d'État, qu'il n'y avait pas lieu de modifier les dispositions de l'article 180 du Code civil. Elle estima qu'il y avait en définitive plus d'inconvénients que d'avantages à porter atteinte aux règles posées par le Code civil en la matière des nullités de mariage (2).

La proposition originaire se trouva ainsi réduite à la réforme du régime de la séparation de corps, et encore

---

(1) En vertu de la législation en vigueur, le Président était appelé à rendre successivement deux ordonnances : la première pour appeler les parties à comparaître devant lui. Par la seconde ordonnance seulement, et s'il n'avait pu réussir dans ses tentatives de conciliation, le magistrat autorisait la femme à se retirer provisoirement dans telle maison dont les parties étaient convenues ou qu'il indiquait d'office. Il ordonnait que les effets à l'usage journalier de la femme lui fussent remis, il statuait sur la garde des enfants.

(2) V. Rapport supplément. de M. Allou, Sén. *Doc. parlement.*, 86, Ann. n° 21.

l'une des modifications proposées, celle qui concernait
la procédure, était-elle devenue sans objet par le vote
de la loi du 18 avril 1886 (V. art. 236, 238, 307, C.
civ.).

Restaient dès lors en discussion trois questions : la
question du domicile de la femme séparée de corps, la
question du nom des époux divorcés ou séparés de corps,
la question de la capacité civile de la femme séparée
de corps.

Sur les deux premières questions, la commission
du Sénat accepta en principe, sauf certaines divergences
de détail, les dispositions du projet du Conseil d'État. Sur
la troisième question, la plus grave, celle qui doit plus
particulièrement fixer notre attention, la commission
estima que la séparation de corps ne pouvait pas, comme
le divorce, aboutir à l'émancipation de la femme, et
elle persista dans le système qu'elle avait déjà admis,
qui n'aboutissait qu'à une simple réforme de procédure
et qui consistait à permettre à la femme séparée de
corps de s'adresser à son choix à son mari ou à la justice
pour les autorisations dont elle pouvait avoir besoin.

Repris devant le Sénat sous forme d'amendement par
M. Pâris, le projet du Conseil d'État fut repoussé par
141 voix contre 108 (séance du 20 janvier 1887). Dans
cette même séance un sous-amendement de M. Bardoux ainsi conçu : « la séparation de corps prononcée
contre le mari aura en outre pour effet de rendre à la
femme le plein exercice de la capacité civile sans qu'elle

ait besoin, en aucun cas, de recourir à l'autorisation de son mari ou de justice » était pris en considération et renvoyé à la commission. Cet amendement qui réglait différemment la condition juridique de la femme séparée de corps suivant que la séparation avait été prononcée à son profit ou contre elle, était adopté dans la séance du 25 janvier 1887.

Transmis à la Chambre des députés ; le projet du Sénat y fut l'objet d'un premier rapport de M. Arnault, déposé le 28 novembre 1887 (1). Il fut oublié pendant deux ans ; en 1889 seulement il fut remis à l'ordre du jour, et un second rapport fut déposé par M. Jullien, le 21 juin 1890. Le projet adopté par la commission de la Chambre des députés était la reproduction à peu près exacte du système proposé par le Conseil d'État. Ce projet a été voté sans discussion par la Chambre des députés le 18 juin 1892 et transmis au Sénat le 20 juin.

La commission du Sénat se refusa à admettre le système adopté par la Chambre et déclara vouloir maintenir le système adopté par le Sénat en 1887 (2). Cependant, après des délibérations auxquelles prit part M. Falcimaigne, en qualité de commissaire du Gouvernement, le Sénat, repoussant les conclusions de la commission, adopta le 18 janvier 1893 le principe de la pleine capacité de la femme séparée de corps, sans distinguer entre le cas où la séparation serait prononcée

(1) Chambre des députés, *Doc. parlementaires*, 1897, ann. n° 2151.
(2) V. rapport de M. Demôle, déposé le 10 novembre 1892.

en faveur de la femme et celui où elle serait prononcée contre elle. Le 27 janvier suivant l'ensemble du projet fut voté. Il constitue aujourd'hui la loi du 6 février 1893.

II. — ÉCONOMIE GÉNÉRALE DE LA LOI. — OBJET DE NOTRE ÉTUDE.

La loi du 6 février 1893 renferme des dispositions spéciales à la séparation de corps, des dispositions communes à la séparation de corps et au divorce.

1° *Dispositions spéciales à la séparation de corps.*

C'est l'article 1ᵉʳ relatif au domicile de la femme séparée de corps. Il complète l'article 108 du Code civil. C'est l'article 3 (alin. 2 et 3) relatif à la capacité de la femme séparée de corps. Il modifie l'article 311 du Code civil.

2° *Dispositions communes à la séparation de corps et au divorce.*

Les articles 2 et 3, alinéa 1ᵉʳ, tranchent les difficultés auxquelles avait donné lieu l'usage du nom du mari par la femme et réciproquement, après la séparation de corps ou le divorce.

L'article 4 porte modification de l'article 248 du Code civil. Il modifie la procédure des voies de recours contre les jugements de séparation de corps (1).

____

(1) La loi du 6 février 1893 s'est bornée à ajouter au dernier alinéa

La disposition capitale, essentielle de la loi concerne la capacité de la femme séparée de corps. C'est celle que nous nous proposons d'étudier. Nous laisserons de côté la question du nom des époux et les questions de procédure ; nous nous bornerons à de brèves indications sur le domicile de la femme séparée de corps.

Nous diviserons notre travail en trois parties principales : la première sera consacrée à l'étude du principe de la capacité de la femme séparée de corps ; la seconde aux effets de ce principe. Enfin, dans la troisième, nous examinerons les effets de la réconciliation sur la capacité de la femme.

de l'article 248 (modifié par la loi du 18 avril 1886) les mots : en matière de divorce et de séparation de corps.

PREMIÈRE PARTIE

ÉTUDE DU PRINCIPE DE LA CAPACITÉ CIVILE DE LA FEMME SÉPARÉE DE CORPS.

CHAPITRE PREMIER

NÉCESSITÉ, SURTOUT APRÈS LE RÉTABLISSEMENT DU DIVORCE, D'UNE RÉFORME DU RÉGIME DE LA SÉPARATION DE CORPS.

Quelle était la situation faite par le Code à la femme séparée, la condition juridique de la femme séparée de corps?

Le Code civil avait offert deux remèdes aux époux malheureux désunis : le divorce et la séparation de corps. Mais entre ces deux expédients, entre ces deux remèdes au même mal, existaient les différences les plus profondes. Le divorce, entraînant la rupture des liens du mariage, comportait pour les époux devenus étrangers l'un à l'autre, libération et extinction complète des obligations réciproques et mutuelles d'assistance, de fidélité. La femme recouvrait en même temps que la libre disposition de sa personne, le libre et plein exercice de sa capacité civile.A l'inverse, la séparation de corps, n'ayant d'autre effet que de relâcher les liens conjugaux, tout en laissant intact le mariage lui-même, laissait en principe subsister entre époux séparés les obligations réciproques dérivant du mariage.

Le devoir de cohabitation (art. 214, C. civ.), l'obligation de vivre en commun, seule disparaissait. Mais, le devoir de fidélité s'imposait aux époux comme par le passé. Il ne perdait sa sanction pénale qu'à l'égard du mari. Le devoir de secours se traduisait pratiquement par une pension alimentaire au profit du conjoint indigent. Quant au devoir d'assistance qui consiste dans des soins personnels et semble impliquer la cohabitation des époux, l'opinion générale était qu'il cessait naturellement avec l'obligation de vivre en commun. Enfin et surtout la femme restait placée sous le régime de l'incapacité, et comme telle tenue de solliciter l'autorisation du mari ou de justice pour tout acte juridique qui ne rentrait pas dans le domaine de la libre administration dont elle était investie par l'article 1449 du Code civil, en tant que femme séparée de biens.

Lorsque, par la loi du 8 mai 1816, le divorce eût été aboli, et que seule la séparation de corps subsista, la nécessité d'une réforme du régime de la séparation de corps déjà se fit jour. Le législateur de 1804, en effet, avait traité d'une façon très inégale le divorce et la séparation de corps. Après avoir réglementé, et très nettement déterminé (art. 229 à 305), les causes, la procédure, les effets du divorce, ce n'est presque qu'incidemment qu'il s'était occupé de la séparation de corps. Il ne lui avait consacré qu'un seul chapitre composé de six articles au titre VI (art. 306 à 311) auquel il convient d'ajouter les articles 1449 et suivants du Code civil et les articles 875 et suivants du Code de procédure civile. Il avait pris soin de déterminer ses causes (celles du divorce, art. 306), l'un de ses effets. Rien de plus. Il avait négligé, sauf en ce qui concerne certaines dispositions spéciales (art. 307) de désigner celles des règles du divorce qui pouvaient être étendues à la séparation de corps.

A quelles causes attribuer ce laconisme du Code, cette inégalité de traitement entre le divorce et la séparation de corps? Uniquement à l'influence des circonstances historiques dans lesquelles fut élaboré le Code civil.

La séparation de corps, cette institution du droit canonique, la seule qui eût pour fonction dans notre ancienne France de décharger les époux du fardeau de la communauté de vie (1), avait été prohibée par la loi des 20-25 septembre 1792. L'article 7 de cette loi était ainsi conçu : « A l'avenir, aucune séparation de corps ne pourra être prononcée. Les époux ne pourront être désunis que par le divorce. » Après le Concordat et le

____

(1) Pothier, *Contrat de mariage*, nᵒˢ 462, 466.

rétablissement officiel du culte catholique en France, les rédacteurs du Code civil estimèrent qu'il était indispensable d'admettre la séparation de corps concurremment avec le divorce comme une sorte de divorce pour les catholiques. Treilhard sur ce point s'est exprimé dans les termes les plus explicites : « Le pacte social, a-t-il dit, garantit à tous les Français la liberté de leurs croyances ; des consciences délicates peuvent regarder comme un précepte impérieux l'indissolubilité du mariage. Si le divorce était le seul remède offert aux époux malheureux, ne placerait-on pas les citoyens dans la cruelle alternative de fausser leurs croyances, ou de succomber sous un joug qu'ils ne pourraient plus supporter ? Ne les mettrait-on pas dans la dure nécessité d'opter entre une lâcheté et le malheur de leur vie ? Nous aurions bien mal rempli notre tâche si nous n'avions pas prévu cet inconvénient. En permettant le divorce, la loi laissera l'usage de la séparation ; l'époux, qui aura le droit de se plaindre, pourra former à son choix l'une ou l'autre demande. Ainsi, nulle gêne dans l'opinion, et toute liberté à cet égard est maintenue. » C'est donc à titre transactionnel, au nom de la liberté de conscience, en qualité de divorce des catholiques, que la séparation de corps était rentrée dans la nouvelle législation et avait été admise concurremment avec le divorce.

Quoi qu'il en soit, en 1816, le divorce aboli, les dispositions le concernant ayant perdu toute force légale,

sauf certaines dispositions comme celles des articles
229, 232 et 306 déclarées communes aux deux institutions, il fallut songer à combler la lacune que présentait la loi. Dès le 9 décembre 1816, les auteurs de la loi
du 8 mai 1816 déposaient à la Chambre des pairs un
projet d'ensemble qui réglementait très heureusement
la matière de la séparation de corps. Ce projet, qui
comprenait 39 articles, divisés en 7 titres, déterminait
les causes, les formes, la procédure et la cessation de la
séparation de corps. Quant aux effets, il ne les réglait
pas d'une façon complète. Il ne tranchait pas les difficultés relatives au domicile de la femme, au nom des
époux séparés. Mais il étendait la capacité civile de la
femme, tout en maintenant le principe de l'autorité
maritale (1). Ce projet fut voté par la Chambre des
pairs le 28 décembre 1816 ; transmis à la Chambre des
députés le 7 janvier 1817, il fut renvoyé à l'examen des
bureaux. Mais il n'eut aucune suite ; il ne fut jamais
discuté.

Depuis cette époque, aucune tentative n'a été faite
pour améliorer la condition juridique de la femme séparée de corps. C'est à l'envi cependant que les auteurs
ont insisté sur la nécessité d'une réforme législative.
Leurs efforts devaient demeurer sans résultats. Et dans
tout le cours de ce siècle, jusqu'à la loi du 24 juillet
1884 rétablissant le divorce, une seule loi est inter-

____

(1) Locré, t. V, 477, 506, 593.

venue pour amender le régime de la séparation de corps. C'est une loi des 6, 15 décembre 1850 (1) qui a modifié l'article 313 du Code civil. Elle règle un point spécial tout à fait étranger à la question de la capacité civile de la femme séparée de corps. Elle se borne à modifier les effets de la séparation de corps en ce qui concerne la portée d'application de la présomption *pater is est...* Elle accorde au mari le droit de désavouer sous certaines conditions l'enfant dont la conception remonte à l'époque où la femme avait droit à un domicile séparé du moment où il n'y a pas eu réunion de fait entre les époux.

Et dès lors, malgré l'extension à la séparation de corps par la jurisprudence pour le règlement des nombreuses questions privées de solutions légales depuis l'abrogation du titre du divorce, des textes relatifs au divorce, lorsque ces textes étaient compatibles avec le maintien du lien conjugal (2), le régime de la sépara-

____

(1) Cette loi du 15 décembre 1850, a été modifiée par une loi du 16 août 1886.

(2) Cette extension à la séparation de corps de toutes les dispositions du titre du divorce compatibles avec le maintien du lien conjugal, donnait lieu à bien des difficultés.

Certes, on était d'accord pour appliquer à la séparation de corps les mesures provisoires des articles 267, 270, et 271 du Code civil, établies dans l'intérêt de la femme et des enfants ; — pour reconnaître à la femme séparée de corps le droit de choisir une résidence et même un domicile distinct de celui de son mari ; — pour appliquer à la séparation de corps la disposition finale de l'article 302 du Code civil qui permet au Tribunal de confier les enfants selon leur intérêt à l'un ou à l'autre des époux ou même à une tierce personne, et encore la disposition de l'article 303 aux termes du-

tion de corps en 1884 était identique à ce qu'il était en
1804, au lendemain de la promulgation du Code civil.

Même après la séparation de corps prononcée, le lien
conjugal n'était pas brisé. Il n'était que relâché. Seule
disparaissait l'obligation de vivre en commun. Mais, au
moins pour la femme, existait toujours l'obligation de
fidélité (1). Subsistait toujours à l'égard des deux époux
l'obligation de secours et d'assistance établie par l'article 212 du Code civil (2). La femme pour le gouvernement et la direction de sa personne, demeurait pleinement et absolument soumise à l'autorité maritale. Elle
devait obtenir l'autorisation du mari et subsidiairement
celle de justice, pour tout acte modifiant son statut personnel comme un changement de nationalité (3), pour
tout acte engageant sa personne comme le contrat de
louage de services, pour tout acte risquant de compromettre sa dignité, comme un engagement théâtral,
l'exercice d'une profession commerciale ou même la
formation d'une société commerciale avec un tiers. Et

quel les père et mère conservent respectivement le droit de surveiller l'entretien et l'éducation de leurs enfants, quelle que soit la
décision quant à la garde.

Mais on se demandait si la déchéance prononcée par l'article 299
contre l'époux coupable en cas de divorce devait atteindre le conjoint contre lequel la séparation de corps avait été prononcée. De
même encore, c'était une question de savoir s'il y avait lieu d'appliquer à l'époux séparé la déchéance prononcée par l'article 386
contre l'époux divorcé.

(1) Demolombe, IV, n° 3 ; Aubry et Rau, V, p. 199, § 494.

(2) Demolombe, IV, n° 501 ; Aubry et Rau, t. V, p. 199.

(3) Dalloz, *Rép.*, V° *Mariage*, n° 798.

c'était même une question controversée que celle de savoir si, au refus du mari, l'autorité judiciaire avait le droit de permettre à la femme de faire chacun de ces actes.

Enfin, dans l'ordre des intérêts pécuniaires, la femme séparée de corps restait soumise aux dispositions des articles 215 et 217 du Code civil. Certes, et en vertu de l'article 1449 du Code civil, comme la femme simplement séparée de biens, elle acquérait certains pouvoirs de libre administration, le droit de disposer de son mobilier, et encore ce terme « le mobilier » devait-il, suivant la jurisprudence, être entendu *stricto sensu*. Mais en dehors de cette capacité restreinte aux actes d'administration, et à l'aliénation du mobilier, pour tous les actes que la femme accomplissait dans la vie civile, pour aliéner ses immeubles à titre onéreux ou gratuit, même pour l'établissement des enfants communs, pour s'obliger en vue d'une cause étrangère à l'administration de ses biens, ester en justice, ...la femme séparée de corps devait requérir et obtenir l'autorisation de son mari, ou à son défaut celle de justice.

Quels étaient les vices, les inconvénients de ce régime, les abus auxquels il donnait naissance? Ils n'étaient que trop réels.

Et tout d'abord, il serait facile de mettre en évidence ce qu'avait de mal défini, de vague, ce régime auquel était soumise la femme séparée de corps quant à ses biens; ce régime était qualifié de séparation de biens. Ce n'était pourtant ni celui de la séparation de biens conventionnelle, lequel, comme son nom l'indique, est susceptible de variations, ni même celui de la séparation de biens judiciaire non accessoire à la séparation de corps (1).

D'autre part, si l'article 1449 portait : « la femme séparée soit de corps et de biens, soit de biens seulement, en reprend la libre administration ; elle peut disposer de son mobilier et l'aliéner ; elle ne peut aliéner ses immeubles sans le consentement de son mari,

(1) Entre la séparation de biens contractuelle et la séparation de biens judiciaire existent plusieurs différences : 1° la première et la plus considérable consiste en ce que la séparation de biens judiciaire peut cesser pendant le mariage du consentement des époux (art. 1451), tandis que la séparation conventionnelle est irrévocable. — 2° Une autre différence, qui n'existait pas dans l'ancienne jurisprudence, concerne la part contributive des époux aux charges du ménage. Autrefois cette part était toujours fixée par le juge eu égard à leurs facultés. Elle l'est encore aujourd'hui, lorsque les époux sont séparés judiciairement. Mais, lorsque la séparation est contractuelle, il est libre aux époux de la régler comme il leur plaît. A leur défaut elle est réglée par la loi, jamais par le juge (art. 1448, 1537, C. civ.).— 3° Une troisième différence consiste en ce que dans la séparation de biens contractuelle, la part contributive de la femme doit toujours être versée entre les mains du mari, tandis qu'il n'en est pas toujours ainsi dans la séparation de biens judiciaire, l'inconduite du mari pouvant faire prendre des mesures pour que cette part ne soit pas dissipée (Troplong, n° 2287).

D'autre part, entre la séparation de biens judiciaire principale, et la séparation judiciaire accessoire à une séparation de corps, existent également plusieurs différences. La date à laquelle remontent les effets du jugement de séparation change selon que la séparation de biens est accessoire ou principale (art. 252, alinéa final). — Dans une hypothèse, au point de vue de la publicité du jugement, on fait application de l'article 872 du Code de procédure civile, dans l'autre, de l'article 880.— Ainsi encore, l'article 1444 ne peut être opposé dans le cas où la séparation de biens est accessoire. La femme séparée de corps peut à tout instant exercer ses reprises.

ou sans être autorisée en justice à son refus », — l'article 217 était ainsi conçu : « la femme, même non commune ou séparée de biens ne peut donner, aliéner, hypothéquer, acquérir à titre gratuit ou onéreux, sans le concours du mari dans l'acte ou sans son consentement par écrit ». Comment concilier ces deux textes, dont l'un, opposant aux immeubles les meubles, accorde à la femme la libre disposition de ces derniers et l'autre semble lui refuser cette liberté pour tous ses biens tant mobiliers qu'immobiliers.

Mais plaçons-nous en face de l'article 1449. Quels actes la femme séparée de corps avait-elle le droit de faire ? Quels actes au contraire ne pouvait-elle accomplir sans l'autorisation du mari ou de justice ?

Qu'elle n'eût pas le droit d'accomplir certains actes excédant manifestement ses pouvoirs : acceptation d'une succession, donation et acceptation d'une donation, aliénations immobilières (art. 776-1°, — 905-1°, — 934, — 1449-3°), achat à crédit de meubles ou d'immeubles, exercice d'actions en justice, transactions relatives à des droits immobiliers, compromis, etc., c'est ce qui ne soulevait aucun doute. Qu'en revanche, elle eût, sans controverse sérieuse possible, le droit d'accomplir seule des actes d'administration courante tels que baux d'une durée inférieure à neuf années (arg., art. 1430), perceptions et emplois de revenus (1), réceptions de capitaux, pas de doute encore !

(1) Encore considère-t-on comme capital l'accumulation des reve-

Mais, en dehors de ces deux catégories d'actes, d'opérations, combien d'autres ne pouvant échapper aux prises d'un soupçon d'irrégularité, partant, à la menace d'une annulation postérieure? Ce sont les opérations placées sur les confins assez vagues des actes d'administration et de disposition, comme l'acquisition au comptant de meubles ou d'immeubles, — le placement de capitaux à rentes viagères, la conversion d'un titre nominatif en titre au porteur, l'acquisition par la femme d'immeubles en remploi de ses propres aliénés, la mainlevée d'inscriptions hypothécaires, la cession par la femme de l'antériorité de son droit hypothécaire. Ce sont encore les contrats susceptibles d'appartenir à l'une ou à l'autre de ces catégories, et en cette qualité exposés à revêtir tel ou tel caractère juridique, suivant le but réel auquel ils tendent et les circonstances qui les motivent. La jurisprudence, pour apprécier une aliénation, un placement, pour décider s'ils dépassent ou non les limites d'un acte d'administration, s'attache à leur importance, à la situation de fortune de la femme. Une femme s'engage par voie d'emprunt ou pour toute autre cause. Son obligation ne sera valable qu'à la condition qu'elle ait bien pour objet de pourvoir à une nécessité d'administration. Et on fera application des mê-

nus pendant plusieurs années entre les mains de la femme et elle ne peut en disposer du moins à titre gratuit qu'avec l'autorisation maritale. Paris, 28 juin 1851, S. 51.2.337, D. 52.2.22, et voyez Guillouard, *Contrat de mariage*, III, n°ˢ 1190 et suiv.

mes principes à l'aliénation par la femme de son mobilier, avec ce correctif arbitraire, mais imposé, à l'égard des acquéreurs de bonne foi, par l'article 2279, que les actes de disposition du mobilier corporel, sont présumés rentrer dans la catégorie des actes d'administration (1). Mais, comment avoir l'assurance certaine de la véritable destination de l'acte accompli par la femme au moment de la formation du contrat ? Et encore si ces obligations étaient couvertes par une présomption de validité, mais « comme la femme séparée est en principe, incapable de s'obliger, ceux qui prétendent faire exécuter l'obligation devront démontrer que leur débitrice était en contractant dans le cas exceptionnel où elle a la capacité » (2).

Dans ces conditions, qu'advenait-il ? Qu'advient-il encore, au cas de séparation de biens non accessoire à une séparation de corps ? Que les tiers avec lesquels la femme se proposait de contracter, dans le doute sur le point de savoir si l'engagement de la femme rentrait ou

(1) Guillouard, *loc. cit.*, III, n° 1193 et la jurisprudence qui y est rapportée, note 1. La nécessité pour la femme séparée de se munir de l'autorisation maritale pour pouvoir s'obliger valablement en dehors des limites de l'administration, résulte du rapprochement des articles 217, 224 et 1449.

La jurisprudence a souvent fait une confusion entre le droit pour la femme séparée de biens, de s'obliger et celui d'aliéner son mobilier, sans autorisation ; et cette confusion n'a pas été sans influence sur ses décisions quant aux pouvoirs de disposition de la femme relativement à son mobilier.

(2) Cabouat, *Examen critique du projet de réforme de la séparation de corps adopté par le Sénat*, p. 49 à 51 ; Colmet de Santerre, t. VI, 101 *bis* X.

non dans les limites de sa capacité, ou se refusaient à conclure l'opération au détriment peut-être des intérêts de la femme, ou subordonnaient leur crédit et par suite la conclusion du contrat à une autorisation du mari ou de justice leur donnant toute sécurité pour l'avenir. Et alors, en définitive, dans la presque totalité des cas, — en fait pour la plupart des actes qui étaient permis à la femme et ce, par les considérations que nous venons de développer, — en droit pour tous les actes de disposition (vente, constitution d'hypothèque, donation, etc..), pour tous les actes engageant sa personne, la femme était tenue de s'adresser à son mari, de solliciter son autorisation, et sur son refus de solliciter l'autorisation de justice.

Or, dans toutes ces nombreuses circonstances où la puissance du mari avait lieu de s'exercer, elle était pour la femme une cause d'humiliations et quelquefois pour le mari une source de profits. « Toutes les fois que les nécessités de la loi ancienne contraignaient la femme à solliciter de son mari l'autorisation nécessaire pour faire un acte excédant les limites de sa capacité, l'obligation de cette démarche qu'elle avait acceptée durant la vie commune comme une marque de déférence due au chef de famille, devenait pour elle une intolérable humiliation et elle s'y pliait avec d'autant plus de peine que l'autorité du mari pouvait à bon droit lui être devenue suspecte. Quant au mari, vainqueur ou vaincu dans la lutte judiciaire, dont le jugement de séparation de corps avait

été le dénouement, tantôt il ne voyait dans l'exercice de
son autorité qu'un moyen de faire sentir à la femme le
poids de sa suprématie légale, et alors il se faisait un jeu
de suspendre sa décision et de prolonger son examen
au delà de toute nécessité, pour infliger à la femme l'en-
nui et l'humiliation de l'attente ou lui causer les embarras d'un recours à la justice ; tantôt, s'il était à la fois
peu scrupuleux et avide, le mari tarifait l'octroi de son
autorisation ; il en faisait la condition de marchés périodiques et la source de revenus assurés si l'état du patrimoine de la femme nécessitait fréquemment des actes
de disposition ou l'exercice d'actions judiciaires (1). »

M. Flourens, dans son rapport au Conseil d'Etat exprime les mêmes idées. « Ce régime donne-t-il en pratique de bons résultats? Sur ce point, aucune controverse. Tous s'accordent à reconnaître qu'il n'a produit et
qu'il ne peut produire que les plus fâcheux effets. En
cette matière, aucun témoignage ne pouvait être plus autorisé que celui des auteurs de la proposition, aucun ne
pouvait être plus explicite. Au cours de leur longue et
brillante pratique du Palais, ils déclarent avoir maintes
fois constaté que le maintien de l'autorisation maritale
après la séparation de corps est la source des plus criants
abus. Tantôt la femme est victime d'un refus offensant;
tantôt le mari, désormais plus curieux d'extirper de
l'argent à sa femme que de la protéger, fait du droit

____

(1) Cabouat, *Explicat. théor. et prat. de la loi*, p. 15.

que la loi lui réserve l'objet d'un trafic honteux et vend son autorisation. Ainsi, une fois la séparation de corps prononcée, l'autorisation maritale cesse d'être une garantie pour la femme, une sauvegarde de la paix et de l'honneur du ménage, un élément d'unité dans la direction des affaires communes. Elle perd toutes ses raisons d'être pour devenir la source de blessures à la dignité de la femme, de pressions exercées pour lui arracher de l'argent. »

M. Allou, M. Pâris, M. Denormandie, devaient au cours de la discussion tenir le même langage : « Maintenant, disait M. Allou, rapporteur de la loi, l'un des auteurs de la proposition originaire de 1884, nous arrivons à la grande et grosse question du débat. C'est la question même de la capacité de la femme à la suite de la séparation de corps. La femme séparée dans l'état actuel des choses reprend l'administration de ses biens, mais elle est toujours sous la tutelle de son mari, ou sous celle de la justice, mais sous la tutelle de son mari, d'abord. Vous vous rappelez encore les préoccupations des auteurs de la proposition et de la commission plus tard, à cet égard. Il y a dans cette situation une dépendance qui est avant tout cruelle et humiliante pour la femme séparée. Les femmes ont toujours considéré comme une humiliation profonde cette nécessité, quand des dissentiments assez graves ont éclaté pendant la vie commune pour qu'une séparation de corps devienne nécessaire, pour que chacune des existences ait le droit de s'isoler, l'obligation d'aller s'adresser au mari pour lui demander toutes les autorisations nécessaires. En cas de refus du mari, l'autorisation suprême du tribunal qui vient en dernier, ne modifie pas la situation première. Cette situation est très douloureusement supportée, je le répète, par les femmes. Vous vous rappelez comment on établissait dans la discussion précédente, — et cela ne fait doute pour aucun de ceux qui ont la pratique des affaires, — que la femme souvent est obligée de négocier avec le mari, pour marcher avec plus de rapidité. L'autorisation nécessaire est poursuivie dans une sorte de marchandage qui manque absolument de dignité pour elle, et qui peut en même temps, porter atteinte à ses intérêts. Le mari peut avoir la prétention de vendre son autorisation au lieu de la donner. Il faut couper court à cette situation (1). »

Ces vices, ces défauts du régime de la séparation de corps, ces abus de l'autorité maritale, si graves qu'ils fussent, restèrent tolérables cependant tant que la séparation de corps exista seule dans nos lois. Mais, du jour où le divorce fut rétabli, où la femme par le divorce put recouvrer le plein et entier exercice de sa capacité civile, s'imposa la nécessité d'y remédier, de les faire disparaître. Et, en effet, n'était-il pas à craindre que les femmes malheureuses, ayant à choisir désormais entre le régime de la séparation, de l'autorité maritale, — et

____

(1) Sénat, Séance du 18 janvier 1887, p. 17.

le régime du divorce, de la pleine liberté, se décidassent toujours pour ce dernier, que la séparation de corps dès lors fût abandonnée, désertée et ne fût plus acceptée que par quelques femmes fidèles jusqu'au bout et quand même au principe de l'indissolubilité du mariage.

Et cependant, que la séparation de corps dût être maintenue dans notre législation à côté du divorce, c'est ce que tous proclamaient à l'envi, partisans et adversaires du divorce. C'est que la séparation de corps, ce divorce des catholiques, ne se soutient pas que par le respect dû à la liberté de conscience, aux convictions religieuses, elle répond à des besoins sérieux et à des préoccupations parfaitement légitimes.

« Est-ce que les époux, a dit M. Arnault, rapporteur de la loi à la Chambre, même non catholiques, ne peuvent pas se contenter de la séparation dans l'intérêt des deux familles, pour qu'il y ait moins de scandale et surtout, dans l'intérêt des enfants, de la conservation des biens, et en vue d'un avenir soit de réconciliation, soit d'apaisement ? N'est-ce rien que de garder la dot inaliénable sous le régime dotal ? N'est-ce pas obéir à la volonté formelle des deux familles, lors du mariage, volonté que brise le divorce ? N'est-ce rien pour l'époux outragé que de ne pas être condamné à cette alternative ou de tout subir ou de rendre à son conjoint coupable la liberté que peut-être il espère obtenir par ses offenses mêmes ? A cette considération, M. Alfred Naquet répond qu'il n'y a là qu'un sentiment de haine indigne d'être encouragé. Nous croyons que c'est loin d'être toujours vrai, et que tout au contraire, il y aura souvent et au fond un sentiment d'amour conjugal froissé, et persistant malgré les froissements et les blessures.

Voilà une femme qui aime son mari et qui souffre de ses infidélités : elle ne peut plus supporter son abandon, et elle demande la séparation. N'a-t-elle pas le droit de dire qu'elle ne veut point par le divorce rendre légale pour le mari cette liberté qu'elle lui reproche justement, et qui est son grief ? Et quand bien même l'article 310 serait modifié, quand bien même la conversion en divorce au bout de trois ans deviendrait de droit et obligatoire pour les tribunaux, sur la demande de l'un quelconque des époux, la femme aurait encore cette satisfaction qui n'est pas une satisfaction de haine, mais de légitime amour-propre, de n'être pas devenue l'auteur de l'affranchissement de son mari, et de penser que celui-ci le tient et de son obstination dans le mal, et de la loi ! Et ce sentiment qu'elle n'a pas la responsabilité du nouveau mariage de son mari, de la nouvelle famille fondée, que ses enfants ne pourront pas plus tard lui imputer la survenance de frères avec qui ils ne vivront pas, que peut-être ils verront à peine avant le partage de la succession de leur père commun, de frères qu'ils n'aimeront pas et dont ils ne seront pas aimés, ce sentiment est-il oui ou non honorable et digne de respect ?

Nous parlions aussi de réconciliation et d'apaisement. La réconciliation est, dit-on, peu de chose, 2 p. 100 des séparations. Mais, à défaut d'une réconciliation complète allant jusqu'à la reprise cordiale de la vie commune, peut-on méconnaître l'apaisement que le temps procure, et le bienfait de cet apaisement pour les enfants? Est-ce que ce souci des enfants, et cet espoir d'apaisement ne donnent pas l'explication de séparations amiables si nombreuses? on ne veut pas de scandale dans l'intérêt des enfants, on espère de part et d'autre que le temps et l'âge arrangeront les choses : et chacun peut observer autour de soi combien, en effet, cet espoir se réalise. Pourquoi n'en serait-il pas ainsi lorsque la séparation judiciaire a été nécessitée par la résistance de l'un des époux? Il semblerait en vérité qu'il n'y ait plus à se préoccuper que de la jeunesse et de ses passions et que nous venions de supprimer la plus longue étape de la vie et la plus dure, la vieillesse lorsqu'elle n'a pas été sagement préparée. A cet égard, qui pourrait contester que la séparation de corps ne soit en bien des cas préférable au divorce, qu'elle ne sauvegarde mieux ce long avenir, qu'au prix d'un célibat attristé, elle n'épargne à ceux qui s'y résignent bien des regrets, des désillusions et des remords » (1) ?

Que si donc, la séparation de corps devait continuer à figurer dans notre Code, il tombe sous le sens qu'il fallait

______

(1) M. Arnault, rapport. Ch., *Doc. parlement.*, 1887. Ann. n° 2151.

la rendre *habitable* et en faisant disparaître les vices, les défauts que nous avons signalés, lui permettre de lutter avec quelque avantage contre ce qu'on a si justement appelé *les séductions du divorce*.

Tout le monde était d'accord sur ce point : les partisans du divorce, poussés par le désir de sauver leur œuvre d'abus possibles et de lui assurer ainsi les plus grandes chances de durée, les adversaires de la loi du 27 juillet 1884 dans le but de garantir aux époux désunis une entière et effective liberté d'option entre le divorce et la séparation de corps.

Voici à cet égard en quels termes s'exprimaient les auteurs de la proposition du 12 juin 1884 dans l'exposé des motifs : « Les lacunes de notre loi civile en matière de nullité de mariage et de séparation de corps ont souvent été signalées ; les jurisconsultes les ont reconnues à la presque unanimité et la démonstration en a été faite par d'éloquents avocats qui ont ému et passionné l'opinion publique. Pendant la discussion en première lecture de la loi sur le rétablissement du divorce, les orateurs en ont tous parlé, les uns pour démontrer que le divorce corrigerait cette insuffisance, les autres pour établir que l'extension des nullités de mariage et l'amélioration de la séparation de corps étaient l'unique modification qui fût nécessaire. Il y a donc là un terrain sur lequel peuvent se rencontrer les adversaires et les partisans de la proposition de rétablir le divorce. Ceux-ci trouveront dans le remaniement du Code civil sur cette matière le complément de leur projet, et ceux-là, soit un argument pour le rejet, soit un correctif en cas d'admission. »

Plus tard, au cours de la discussion de la loi du 6 février 1893, à chaque instant s'est affirmée cette volonté devenue commune à tous de lutter contre l'envahissement du divorce.

C'est d'abord M. Naquet qui, au cours de la première délibération, dans la séance du 18 juin 1885, s'exprime en ces termes : « Je considère qu'en principe le divorce est supérieur à la séparation de corps au point de vue social..... et c'est pour cela que plus tard, l'honorable M. Léon Renault et moi nous vous proposerons de revenir sur l'article 310 que vous avez voté (1). Mais en substance nous pensons que, lorsque émus soit par des considérations d'ordre religieux, soit par des considérations morales particulières, les époux sont l'un et l'autre d'accord pour repousser ce remède du divorce,

(1) M. Naquet a en effet proposé d'enlever aux tribunaux le pouvoir d'appréciation que leur laisse l'article 310 nouveau du Code civil (Cassation, 13 août 1885, S. 85.1.193.— Cassation, 11 et 12 janvier 1887, S. 88.1.374,375) et de rendre la conversion de la séparation de corps en divorce obligatoire pour le juge sur la demande de l'un ou l'autre des conjoints, demandeur ou défendeur. V. prop. de M. Naquet, modificative de l'article 310. Sén., *Doc. parlem.*, 1886, p. 76. Rapport sommaire de M. Ninard. Rapport de M. Naquet, *ibid.*, p. 278. Cette proposition échoua au Sénat (Séances des 20, 21, 23 et 24 octobre 1886). Elle fut reprise par M. Saint-Martin, déposée à la Chambre des Députés le 28 octobre 1886 et prise en considération le 8 mai 1887. V. Rapp. de M. Saint-Martin, *J. Off.*, 3 mai 1888, p. 697.

pour recourir à la séparation, la séparation de corps doit leur être laissée. Nous la leur avons laissée, mais nous estimons qu'il faut, dans ce cas, ne pas leur créer une situation par trop difficile, par trop intolérable, par trop éloignée des avantages que leur apporterait le divorce.....

D'ailleurs je ne tiens pas à ce que le nombre des divorces se multiplie outre mesure. A cette multiplication je ne verrais certainement pas le danger que pourraient y voir beaucoup d'entre vous..... Si demain il apparaissait dans nos statistiques un nombre de divorces très supérieur à celui des séparations d'hier, je n'en conclurais pas le moins du monde que c'est la loi du divorce qui les a fait naître. J'en conclurais que ces désunions existaient la veille comme le lendemain..... Seulement, je n'ai pas la prétention d'avoir convaincu tout le monde, et il se trouverait certainement parmi nos concitoyens, et même parmi vous, des gens qui s'imagineraient, qui croiraient de bonne foi que cette augmentation du nombre des familles désunies, accusée par la statistique, est le résultat direct de la loi du divorce ; il pourrait alors se produire contre cette loi que je crois salutaire, un mouvement de réaction analogue à celui qui s'est produit sous la loi révolutionnaire de 1792 ; et peut-être si jamais le malheur des temps voulait qu'un mouvement de réaction se produisît aussi dans la politique, notre loi risquerait d'être emportée. Or, comme je ne veux pas qu'une réaction se produise contre elle, comme je ne veux pas qu'elle soit menacée d'être jamais emportée, je désire au moins pour un temps que les divorces ne se multiplient pas, et je vois sans aucun déplaisir et même avec une certaine faveur que pour un certain nombre de cas, la séparation de corps se substitue au divorce (1). »

« En rétablissant le divorce, dit de son côté M. Pâris, adversaire du divorce, la majorité du Sénat a voulu respecter la conscience des époux malheureux qui croient à l'indissolubilité du mariage, elle a voulu leur laisser la liberté de chercher dans la séparation de corps un remède à une situation devenue intolérable. Afin d'établir cette liberté dans sa plénitude, vous voudrez, partisans du divorce, créer pour la femme séparée de corps une situation qui soit à la fois digne et praticable. S'il en était autrement, et si, après avoir accordé à la femme divorcée une complète indépendance, vous maintenez inutilement la femme séparée dans un état d'incapacité aussi grand que pendant la vie commune, vous arriveriez à ne créer qu'une liberté de choix plus apparente que réelle ; vous pousseriez la femme qui ne recherche dans la séparation que le moyen d'échapper à l'oppression, à se laisser entraîner à préférer un divorce qu'elle réprouve, mais qui seul assurerait sa sécurité. Au nom de la liberté de conscience, je vous demande de suivre les conseils que vous donnait en première

____

(1) Naquet, Séance du 18 juin 1895. *J. Off.*, Sén., *Débats parlem,*

lecture l'auteur même de la loi sur le divorce, d'accorder
à la femme séparée au point de vue de la gestion de ses
biens la même liberté qu'à la femme divorcée (1). »

La même pensée encore est développée dans le rapport de M. Arnault à la Chambre des Députés et dans le
discours de M. Falcimaigne au Sénat.

« La pensée de la loi, nous dit M. Falcimaigne, a été
d'améliorer le régime de la séparation de corps pour ne
point obliger les époux à recourir toujours et dans tous
les cas au divorce. Par conséquent la pensée première
de la loi est une pensée de haute moralité sociale, et il
ne faudrait rien faire pour compromettre ce résultat,
car on peut dire aujourd'hui que l'expérience est faite ;
on peut dire huit années après le rétablissement du divorce, que la séparation de corps compte encore de
nombreux partisans. Si vous comparez en effet les chiffres fournis par la statistique, vous verrez que le nombre des séparations de corps, n'est pas de beaucoup in-
férieur à celui des divorces. Je crois que le législateur
ferait une œuvre bonne en encourageant cette tendance, parce qu'il est, je le répète, d'utilité et de haute
moralité sociale d'encourager un régime qui entretient,
si légère puisse-t-elle être, l'espérance de la réconciliation qui permet à l'époux coupable de se repentir, et à
l'époux outragé de pardonner (2). »

(1) Séance du 18 janvier 1887. Sén., *Débats parlement.* p. 22.
V. aussi séance du 25 janvier 1887.
(2) Séance du 16 janvier 1893. Sénat, *Débats parlement. J. off.*, p. 25.

CHAPITRE II

EXAMEN DES DIVERS SYSTÈMES PROPOSÉS ET DES MOTIFS QUI LES ONT FAIT ÉCARTER.

Si tout le monde était d'accord sur le mal, sur la nécessité de le faire disparaître, il était loin d'en être ainsi sur le remède à appliquer.

Avant d'examiner le système qui a définitivement triomphé et qui consiste à rendre à la femme séparée de corps l'exercice de sa capacité civile, que la séparation soit prononcée en sa faveur ou contre elle, de telle sorte qu'elle n'a plus besoin de l'autorisation ni de son mari, ni de justice, il nous paraît intéressant de passer rapidement en revue les divers systèmes successivement proposés comme remèdes à la situation de la femme séparée de corps, et successivement abandonnés. Ces systèmes sont au nombre de trois :

1° *Système de la commission du Sénat.* — Il consistait à permettre à la femme de demander à la justice les autorisations dont elle aurait besoin, sans s'adresser à son mari autrement que pour lui notifier copie de sa requête en autorisation, avec mise en demeure d'intervenir s'il croyait devoir le faire. Ce système a été écarté par le Conseil d'État et repoussé en partie par le Sénat.

Il a été adopté par lui au cas où la séparation de corps est prononcée contre la femme.

2° *Système de MM. Bérenger et de Marcère.* — La femme séparée de corps reprenait l'exercice de sa capacité civile s'il n'y avait pas d'enfants du mariage. Ce système fut repoussé par l'adoption du système suivant.

3° *Système de M. Bardoux,* adopté au Sénat. — La femme séparée de corps reprenait l'exercice de sa capacité civile lorsque la séparation avait été prononcée en sa faveur et contre le mari, ou même contre chacun d'eux (a-t-il été dit dans la discussion au Sénat) et elle n'avait plus besoin de l'autorisation du mari ou de justice. La femme au contraire ne reprenait pas l'exercice de sa capacité civile lorsque la séparation de corps avait été prononcée contre elle, et elle restait soumise au régime de l'autorisation, lorsque celle-ci était requise.

A. — Proposition originaire de MM. Allou, Batbie, Denormandie et Jules Simon, modifiée par la commission du Sénat.

Les auteurs de la proposition originaire avaient très nettement demandé en cas de séparation de corps la suppression de l'autorisation maritale. Comment la remplaçaient-ils? Ils avaient un instant songé à soumettre la femme à une espèce de conseil judiciaire. Mais cette pensée, ils l'avaient écartée afin d'éviter tout rapprochement blessant avec la prodigalité ou avec la faiblesse d'esprit (art. 513 et 499, C. civ.). D'ailleurs serait-il facile de trouver dans tous les cas un conseil capable de résister avec fermeté aux obsessions d'une femme qui veut avec ténacité ? Ils s'étaient encore demandé s'il ne convenait pas de remplacer l'autorisation maritale par celle d'un conseil de famille. Mais, la situation des époux séparés est le plus habituellement le résultat d'un procès long et difficile ; souvent la famille a été mêlée à la lutte. Il faudrait mettre en mouvement et faire intervenir six personnes. La femme serait obligée de révéler sa situation à des parents ou des amis qui ne sont pas tenus par état au devoir de la discrétion.

Les auteurs de la proposition de 1884 qui considéraient d'ailleurs comme impossible, comme inadmissible de laisser à la femme séparée de corps la libre disposition de ses biens, ont alors proposé de soumettre immédiatement, et sans l'intermédiaire du mari, la femme séparée de corps à l'autorisation de la justice. Au lieu de s'adresser au tribunal en cas de refus du mari, la femme demanderait directement l'autorisation de la justice. Le tribunal rendrait son jugement en la Chambre du conseil comme juridiction gracieuse. L'affaire n'étant pas contradictoire, — car le mari ne serait pas cité et le tribunal serait saisi par requête, — il n'y aurait pas lieu de rendre le jugement à l'audience publique.

Tel est le système qui fut primitivement proposé par MM. Allou, Batbie, Denormandie et Jules Simon. Il était formulé en ces termes : « L'article 311 du Code civil est modifié ainsi qu'il suit : le jugement de séparation de corps emportera toujours séparation de biens. La femme ne sera pas obligée pour contracter ou ester en justice de demander l'autorisation de son mari, mais elle sera tenue dans les cas où elle ne pourrait contracter ou ester en justice sans autorisation maritale, de demander l'approbation du tribunal qui sera saisi par requête, et statuera en la Chambre du conseil, le ministère public entendu. » Pour couper court aux abus de l'autorité maritale, les auteurs de la proposition de 1884 demandaient la suppression de l'autorisation maritale. Ils ne rendaient pas à la femme séparée de corps la libre disposition de ses biens, l'exercice de sa capacité civile. Ils se contentaient de substituer à l'autorisation maritale, l'autorisation de justice.

Ce système pouvait certes, à première vue, paraître conforme à l'esprit général de la loi. Aux termes de l'article 218 du Code civil, si le mari refuse d'autoriser sa femme à ester en jugement, le juge peut donner l'autorisation. Aux termes de l'article 219, si le mari refuse d'autoriser sa femme à passer un acte, la femme peut faire citer son mari directement devant le tribunal de première instance de l'arrondissement du domicile commun qui peut donner ou refuser son autorisation après que le mari aura été entendu ou dûment appelé en la Chambre du conseil (V. art. 861, C. proc. civ.). L'article 221 prévoit le cas où le mari a été frappé d'une condamnation emportant peine afflictive ou infamante ; il dispose que la femme même majeure ne peut pendant la durée de la peine ester en jugement, ni contracter qu'après s'être fait autoriser par le juge qui peut, en ce cas, donner l'autorisation sans que le mari ait été entendu ou appelé. Enfin, l'article 222 encore dispose que si le mari est interdit ou absent, le juge peut, en connaissance de cause, autoriser la femme soit pour ester en jugement, soit pour contracter.

En présence de ces dispositions, quoi de plus simple, de plus logique, semble-t-il, en cas de séparation de corps, que de déléguer l'autorité judiciaire dans l'exercice des pouvoirs du mari, alors que tant de raisons permettent de craindre qu'il soit devenu incapable ou indigne de les exercer.

Il convient cependant de faire remarquer qu'il est . fort douteux que cette règle suivant laquelle l'incapacité (interdiction ou minorité) ou l'indignité (condamnation criminelle) du mari transfèrent à la justice le pouvoir d'habiliter la femme, doive être étendue au mari séparé de corps. Certes, le mari séparé de corps est suspect, mais il n'est pas nécessairement incapable ou indigne d'émettre une volonté réfléchie, et d'exercer personnellement son autorité. Et il en sera surtout ainsi lorsque la séparation de corps aura été prononcée à son profit. Au surplus le système de la substitution pure et simple de l'autorisation de justice à l'autorisation maritale, présentait ce très grave inconvénient de fausser le rôle de l'autorité judiciaire par une extension démesurée et jusqu'alors inconnue de ses attributions et de lui conférer une faculté d'immixtion dans les affaires des conjoints peut-être plus vexatoire que le maintien pur et simple de la législation existante.

Ce système fut écarté par la commission du Sénat. Le rapporteur fait connaître en ces termes les raisons de cet abandon : « Il ne pouvait être question d'affranchir complètement la femme séparée de tout contrôle dans l'administration de ses biens. Sans doute la femme veuve, la femme divorcée conquièrent à cet égard une entière liberté, mais il ne faut pas oublier que c'est là une conséquence de la rupture complète du mariage, et que dans la séparation, le lien subsiste encore. Dès lors, au cas bien entendu où il ne conviendrait pas à la femme de s'adresser à son mari, car cette obligation n'est écartée que dans son intérêt et l'accord volontaire est toujours dans le droit des parties, on propose de permettre à la femme de solliciter directement l'autorisation de la justice ; au lieu de l'appel qu'elle peut adresser au tribunal après le refus de son mari, elle aurait la faculté de le saisir directement en Chambre du conseil et de formuler par requête sa demande, afin d'obtenir les autorisations nécessaires pour ester en justice, ou pour toutes les mesures que ses intérêts peuvent exiger.

« On a fait observer que si l'on s'arrêtait là, il pourrait être injuste de destituer de toute surveillance l'époux qui n'aurait rien à se reprocher et au profit duquel

la séparation de corps aurait même été prononcée ; on
a ajouté que les autorisations réclamées par la femme
pourraient parfois dissimuler des combinaisons con-
damnables, et dont le tribunal, sans contradiction, ne
serait pas en état de pénétrer le mystère. C'est pour
répondre à cette objection sérieuse que le projet actuel
impose à la femme l'obligation de dénoncer sa requête
au mari ; il aura ainsi le droit d'intervenir et la procédure d'autorisation suivrait son cours, conformément
aux articles 861 et suivants du Code de procédure civile. A défaut d'intervention du mari, le tribunal sta-
tuerait huit jours après la signification de la requête. »

Et, en conséquence, au texte de la proposition originaire, la commission substitua le texte que voici :
« L'article 1449 est modifié ainsi qu'il suit : la femme
séparée soit de corps et de biens, soit de biens seulement, en reprend la libre administration. — Elle peut
disposer de son mobilier et l'aliéner.— Elle peut, à son
gré, demander à son mari ou demander directement au
tribunal par requête toutes les autorisations nécessaires
pour ester en justice, pour l'aliénation de ses immeubles *ou de ses valeurs mobilières*, pour toutes acquisitions, emplois ou remplois et généralement pour toutes
les mesures que ses intérêts peuvent exiger. — Dans ce
cas, la femme devra faire notifier copie de sa requête
au mari avec mise en demeure d'intervenir si bon lui
semble. Le mari fera connaître par exploit, signifié à la
femme au domicile de l'avoué constitué dans sa re-

quête, son intention d'intervenir. Alors il sera donné suite à la procédure d'autorisation conformément aux articles 861 et suivants du Code de procédure civile. Huit jours après la signification de la requête, à défaut de notification de la part du mari, le Tribunal statuera en la Chambre du conseil. »

Ainsi, tandis que sous l'empire du Code civil la femme séparée de corps était obligée de gravir deux degrés de juridiction avant d'obtenir l'autorisation qui lui était nécessaire, qu'aux termes des articles 217, 218 et 219, elle devait d'abord solliciter l'approbation de son mari à l'acte judiciaire ou extra-judiciaire par elle projeté, que c'est seulement après avoir échoué dans cette première démarche et en avoir fait constater authentiquement l'insuccès par une sommation suivie de refus ou de silence, qu'il lui était permis d'adresser une requête au président du tribunal de son domicile (art. 861, 862, C. pr. civ.) et de saisir l'autorité judiciaire chargée d'examiner en dernier ressort les motifs de la résistance du mari et de la vaincre lorsqu'elle était mal fondée, la commission du Sénat donnait à la femme le choix entre ces deux partis : ou suivre la marche tracée par les Codes civil et de procédure, c'est-à-dire solliciter d'abord l'autorisation du mari et subsidiairement celle de justice ; ou requérir immédiatement l'autorisation de justice avec ce correctif que le mari devait toujours être informé de cette demande et mis en demeure d'intervenir.

Y avait-il là à vrai dire, une innovation ? l'article 219 du Code civil déjà permettait à la femme, au cas de refus du mari, de citer directement celui-ci devant le tribunal afin d'obtenir son autorisation. Tous les auteurs étaient d'accord pour décider que ce texte avait été abrogé par l'article 861 du Code de procédure civile postérieur en date au Code civil (1). Cet article 861 était ainsi conçu : « La femme qui voudra se faire autoriser à la poursuite de ses droits, après avoir fait une sommation à son mari et sur le refus par lui fait, présentera requête au président qui rendra ordonnance portant permission de citer le mari à jour indiqué à la Chambre du conseil pour déduire les causes de son refus. » D'où résulte que si la proposition de la commission du Sénat eût été adoptée, elle eût eu pour effet simplement de faire revivre un article du Code civil abrogé par une disposition du Code de procédure inconciliable avec lui.

Quoi qu'il en soit, si modeste que fût la réforme proposée par la commission du Sénat, elle présentait cependant, il faut bien le reconnaître, quelques avantages. Elle était de nature à faire disparaître quelques-uns des inconvénients du régime de la séparation de corps. En permettant à la femme de s'adresser directement à la justice, elle supprimait les lenteurs dues au mauvais vouloir du mari. Elle pouvait mettre un terme à certains trafics, à certains marchandages. Elle

____

(1) V. cep. Montpellier, 18 mai 1874, S. 76.2.78 ; Beudant, *loc. cit.*, I, n° 330 B.

simplifiait la procédure des demandes d'autorisation.

Mais elle se heurtait aux objections, aux critiques, les plus graves et les plus fondées.

Tout d'abord, il est intéressant de constater que le texte proposé par la commission du Sénat; accordait le droit de saisir le tribunal avant toute instance auprès du mari, non seulement à la femme séparée de corps et de biens, mais même à la femme qui n'est séparée que de biens. Or, « comprend-on, a très justement dit M. Flourens, dans son rapport au Conseil d'État, au cas de séparation de biens conventionnelle, au cas même de séparation de biens judiciaire principale, alors que le mari n'a donné par sa conduite aucun grief sérieux à sa femme, qu'il puisse dépendre d'un agent d'affaires de le faire traîner par huissier à la barre du tribunal, sans aucun avis préalable? Quelle grave injure faite au mari ! Est-ce le rôle du législateur de permettre à des tiers de jeter dans le ménage des ferments de discorde destinés à amener la séparation de corps ou le divorce » ?

En tous cas, si la réforme proposée était de nature à faire disparaître certains vices, certains abus du régime de la séparation de corps, est-il possible de soutenir qu'elle dût les supprimer tous? Ces trafics, ces marchandages, dénoncés dès la première heure dans l'exposé des motifs de la proposition de 1884, auxquels tout le monde était d'accord qu'il fallait mettre un terme, allaient-ils disparaître, si le système de la commission était adopté?

Toute collusion entre le mari et la femme allait-elle devenir impossible? Evidemment non. La femme séparée, ayant le droit d'opter à son gré entre l'autorisation du mari et celle de justice, se serait bien gardée de s'adresser aux tribunaux lorsqu'elle aurait eu de justes raisons de craindre de se voir refuser l'autorisation qui lui était nécessaire, pour consommer un acte déplorable, ruineux. Elle se serait adressée à son mari, et si celui-ci était peu scrupuleux, elle aurait obtenu avec de l'argent l'autorisation dont elle avait besoin.

M. Flourens a signalé dans son rapport ce vice capital du système de la commission. « D'abord, ce système ne fait pas disparaître l'un des abus signalés par l'exposé des motifs de la proposition. Cet exposé dénonce une collusion fréquente, paraît-il, entre époux séparés qui s'entendent, la femme pour acheter, le mari pour vendre l'autorisation afin de soustraire à l'examen de la justice une opération mal conçue. Mais il est manifeste que si la femme médite une opération mal conçue, ce n'est pas directement au tribunal qu'elle s'adressera pour obtenir l'autorisation. Elle restera libre d'acheter du mari, comme le mari restera libre de lui vendre toutes les autorisations nécessaires pour réaliser cette opération. »

Cette simple réforme de procédure pouvait-elle d'ailleurs se justifier et se légitimer par une économie de temps et d'argent? Non, la commission dont le système en définitive, n'aboutissait qu'à une interversion dans l'ordre des facteurs, qu'à permettre à la femme obligée jusqu'alors de s'adresser au mari, au tribunal ensuite, au cas de refus du mari, d'avoir recours directement à la justice, sauf à se retrouver en la Chambre du Conseil en présence de son mari, au fond laissait les choses absolument en l'état, et se bornait à supprimer une formalité sans importance.

Enfin, et surtout au système proposé par la commission comme d'ailleurs au système de la proposition originaire, on pouvait faire le reproche de fausser, de dénaturer le rôle de l'autorité judiciaire. Et en effet, s'il est possible de concevoir que le législateur confie aux tribunaux le soin de protéger les incapables, si cette protection constitue même l'une de leurs attributions essentielles, comment admettre que les tribunaux se substituent au mari pour exercer en son lieu et place ses droits de puissance maritale. Que les tribunaux en cas d'indignité caractérisée ou d'incapacité notoire aient qualité pour intervenir et s'immiscer dans les affaires des conjoints, soit ! En admettant même que ce soit l'idée de puissance maritale qui, dans notre droit, serve de fondement à l'incapacité de la femme mariée, on concevra encore que le législateur ait permis à la femme de s'adresser aux tribunaux quand le mari refuse son autorisation. Dans ce cas, le juge n'intervient que pour corriger dans ses abus ou pour modérer dans ses manifestations oppressives le pouvoir domestique du mari.

Mais comment aller au delà? Comment d'une façon permanente substituer la justice ou seulement l'associer au mari dans l'exercice de ses droits? Admettre cette solution, c'eût été faire sortir la justice du cercle ordinaire de ses attributions. C'eût été encore décider non pas que la femme est incapable parce que, en cas de désaccord, c'est la volonté du mari qui doit prévaloir sur la sienne, mais qu'elle est incapable en droit, parce qu'elle n'a pas le discernement nécessaire pour bien gérer ses intérêts. On fut ainsi revenu d'une façon intentionnelle et de parti pris à l'*imbecillitas sexus*, c'est-à-dire à un système totalement condamné aujourd'hui et contraire aux mœurs et aux tendances modernes.

Ces considérations décisives qui devaient à elles seules faire écarter le système de la commission, ont été développées par M. Flourens dans son rapport en ces termes : « Une considération plus générale a décidé le Conseil d'Etat à écarter le système proposé par la commission. Ce système tend à placer la femme séparée sous la tutelle de la justice. Or, cette tutelle est coûteuse, désavantageuse par les lenteurs qu'elle entraîne, peu propre à faciliter le développement ou à prévenir l'amoindrissement de la fortune, et en désaccord avec le principe même sur lequel repose l'incapacité relative de la femme mariée. Nous avons vu qu'une controverse s'élève en ce qui touche l'étendue de la capacité de la femme séparée relativement à la disposition de ses biens mobiliers. Les auteurs de la proposition adoptent la solution restrictive, celle qui ne donne à la femme le droit de disposer même de ses biens meubles que dans la limite des actes d'administration. Ainsi la femme est entraînée à engager un procès pour tout acte autre qu'un acte de simple administration ; obligée, si elle veut vendre des valeurs mobilières, de subir les lenteurs qu'il plaira aux agents d'affaires de lui imposer ; condamnée à voir par ces retards une opération bien conçue, devenir désastreuse. Jusqu'ici la loi n'a admis la justice à intervenir dans l'exercice des pouvoirs de tutelle que comme un secours suprême auquel il est fait appel dans les cas exceptionnels et pour vaincre des résistances injustifiées. Faire des tribunaux les tuteurs directs, immédiats auxquels les incapables auraient quotidiennement à recourir, serait une regrettable déviation des principes. »

Au Sénat M. Léon Renault fit au système de la commission les mêmes objections.

La réforme proposée par la commission du Sénat si modeste qu'elle fût en apparence, n'aboutissant qu'à une simplification de procédure, était donc inacceptable en droit, en théorie. Elle devait en tous cas être écartée à raison de son insuffisance pratique.

MM. Allou, Batbie, Denormandie et Jules Simon avaient proposé en 1884 de supprimer complètement l'autorisation maritale, de lui substituer l'autorisation de justice. Certes, ce système eût fait disparaître les vices du régime de la séparation de corps que ses auteurs dénonçaient et qu'ils se proposaient de supprimer, mais il avait le très grave défaut, nous l'avons vu, de fausser le rôle de l'autorité judiciaire, d'étendre ses attributions au delà de toute mesure.

Ce système, destructif de l'action personnelle du mari, inconciliable avec le maintien de l'autorité maritale, la commission du Sénat l'a écarté. Elle ne pouvait pas l'adopter alors que sa volonté était de laisser subsister le pouvoir marital dans toute son intégrité. Encore moins pouvait-elle rendre à la femme séparée de corps l'exercice de sa capacité civile. Et c'est ainsi qu'elle a abouti à cette solution intermédiaire boiteuse, illogique, qui, tout en maintenant le pouvoir marital, permettait cependant à la femme de s'adresser directement à la justice, qui, par conséquent, substituait dans une certaine mesure l'autorisation de justice à l'autorisation maritale, qui soulevait les mêmes objections que le système des auteurs de la proposition de 1884, sans présenter les mêmes avantages, et qui, pratiquement, à raison de l'intervention nécessaire du mari, était impuissante à faire disparaître les abus qui, de l'avis de tous, nécessitaient une réforme du régime de la séparation de corps.

B. — Proposition de MM. Bérenger et de Marcère.

Au cours de la discussion de la loi, un second système a été proposé qui ne nous retiendra que quelques instants.

Après que le projet du Conseil d'État, repris sous forme d'amendement par MM. Pâris et Naquet, eût été repoussé par 141 voix contre 101 dans la séance du 20 janvier 1887, MM. Bérenger et de Marcère proposèrent au Sénat un amendement au système de la commission, suivant lequel l'article 311 du Code civil eût été modifié comme suit :

« La séparation de corps emporte la séparation de biens. Elle aura en outre pour effet, *dans le cas où il n'y aurait pas d'enfant issu du mariage*, de rendre à la femme le plein exercice de la capacité civile, sans qu'elle ait besoin, en aucun cas, de recourir à l'autorisation de son mari ou de justice. »

Les auteurs de cet amendement transactionnel étaient partis de cette idée que ce qui avait fait échouer devant le Sénat le projet du Conseil d'État, c'était la crainte, en rendant à la femme séparée la libre disposition de ses biens, de nuire aux enfants, de risquer, de compromettre l'avenir des enfants. Dès lors, s'il n'y avait pas d'enfant, pourquoi ne pas rendre à la femme séparée de corps le libre exercice de sa capacité civile ?

Cet amendement fut virtuellement rejeté par l'adoption du système de M. Bardoux que nous allons examiner plus loin. Il ne fut pas discuté. Aussi bien ne pouvait-il rencontrer que des objections. Et en effet, il est de principe, dans notre législation, que le degré de l'incapacité de la femme mariée et cette incapacité elle-même sont indépendants de l'existence ou non d'enfants issus du mariage. C'est du fait du mariage que dérive l'incapacité. Tant que le mariage subsiste, qu'il y ait ou qu'il n'y ait pas d'enfant, que l'union conjugale ait été stérile ou féconde, l'autorité maritale, l'incapacité de la femme subsistent. A l'instant précis au contraire où le mariage disparaît par l'effet du divorce, que des enfants soient nés ou non au cours du mariage, la capacité civile est restituée à la femme sans aucune limitation. Cette considération décisive a été mise en relief au Sénat par M. Léon Renault, par M. Falcimaigne. « La préoccupation des enfants, a dit M. Léon Renault, n'a joué aucun rôle dans l'institution de l'autorité maritale, dans la suspension momentanée de la capacité de la femme pendant la durée du mariage (1). » M. Falcimaigne, de son côté, s'est exprimé en ces termes : « L'absence des enfants ou leur prédécès n'augmente pas l'incapacité de la femme, la survenance d'enfants ne la diminue pas. Il y aurait les plus grands dangers à subordonner l'une des deux idées à l'autre (2). »

D'autres considérations d'ordre pratique devaient encore faire écarter cette solution. Supposons qu'au moment de la séparation il y eût des enfants, que ces enfants vinssent à disparaître par la mort. Incapable au premier jour, la femme allait-elle devenir capable par le décès de ses enfants, et si elle le devenait, comment révéler aux tiers la mort des enfants à laquelle

____

(1) Sénat, *Débats parlement.*, 1887, p. 29.
(2) Sénat, *Débats parlement.*, 1893, p. 24. Séance du 16 janvier 1893.

se trouvait subordonné le changement d'état de la femme ?

Cette proposition était insoutenable en droit. Elle était impraticable en fait.

C. — Proposition de M. Bardoux. — Système admis par le Sénat, le 28 janvier 1887.

Ce système mérite une étude approfondie. Il a son origine dans cet amendement présenté par M. Bardoux après l'échec de l'amendement Pâris dans la séance du 20 janvier 1887 : « La séparation de corps *prononcée contre le mari* aura en outre pour effet de rendre à la femme le plein exercice de la capacité civile, sans qu'elle ait besoin en aucun cas de recourir à l'autorisation de son mari ou de justice. » Cet amendement fut pris en considération, renvoyé à la commission et adopté par le Sénat dans sa séance du 25 janvier 1887.

Ce système auquel s'était tout d'abord arrêté le Sénat, réglait donc la condition juridique de la femme séparée de corps suivant que la séparation de corps avait été prononcée à son profit, ou contre elle. Si la femme avait triomphé dans l'instance en séparation, elle recouvrait le plein exercice de ses droits civils. Si elle avait succombé, elle demeurait placée sous le régime de l'article 1449. Elle restait incapable. Toutefois, dans ce dernier cas, elle jouissait du droit d'option que la commission avait proposé d'accorder à toutes les femmes séparées. C'est ce qui résultait de cette rédaction nouvelle de l'article 1449 adoptée par le Sénat après le vote de l'amendement Bardoux : « L'article 1449 du Code civil est modifié ainsi qu'il suit : la femme séparée de corps qui n'a pas recouvré l'exercice de sa capacité civile, et la femme séparée de biens seulement, reprennent la libre administration de leurs biens, meubles et immeubles. Elles peuvent disposer de leur mobilier et l'aliéner. Elles ne peuvent aliéner leurs immeubles sans l'autorisation du mari ou de justice. La femme *séparée de corps* peut à son gré demander à son mari ou demander directement au Tribunal par requête les autorisations dont elle aurait besoin pour toutes les mesures que ses intérêts peuvent exiger. »

Ajoutons immédiatement que dans le cas de séparation de corps prononcée contre les deux époux, le texte de l'amendement, d'ailleurs commenté par son auteur. commandait de rendre à la femme sa capacité civile comme au cas de séparation prononcée au seul profit de la femme. Voici, à cet égard, les explications fournies par M. Bardoux qui ne laissent place à aucune discussion : « Lorsque la séparation de corps est prononcée contre les deux époux, la femme gagne en partie son procès, et elle doit bénéficier de notre amendement. Pourquoi ? J'en appelle à tous ceux qui ont l'habitude des affaires, qui ont devant la justice plaidé des procès en séparation de corps, et même à ceux qui, en dehors du Palais, s'intéressent à la question considérable qui est débattue ici. Est-ce que la justice n'établit pas une

différence tous les jours entre certaines fautes du mari,
et les fautes de la femme? Lorsque les fautes de la
femme sont prouvées, et que cependant le tribunal prononce la séparation de corps à la fois contre elle et contre le mari, est-ce que la justice par cela même n'établit pas que le mari est bien plus coupable encore ? Il
faut le dire en effet ; la femme est traitée avec plus de
sévérité par la justice en vertu de considérations de
l'ordre moral que je n'ai ni à justifier, ni à expliquer
ici, mais qui existent. Est-ce qu'il ne s'ensuit pas, lorsque la séparation a été prononcée contre les deux époux
que la femme doit recouvrer sa capacité civile sans distinction. »

Quel était le fondement de ce système? Il faut respecter l'autorité maritale, mais la respecter tant qu'elle
est elle-même respectable. Si le mari, par son inconduite, par ses violences, par ses excès, s'est rendu indigne
d'exercer l'autorité maritale, il est naturel qu'il s'en
trouve déchu. Et cette déchéance doit bénéficier tout
naturellement à la femme qui, ayant d'une manière la-
tente la pleine capacité civile, se trouvera appelée à
l'exercer effectivement, du jour où le mari en aura été
privé. L'auteur de l'amendement et ceux qui l'ont
adopté, ont encore obéi à cette préoccupation : éviter
que le plein et entier exercice de ses droits puisse
jamais devenir pour la femme une sorte de prime à
l'inconduite. Ils n'ont pas voulu que les fautes de la
femme, que son inconduite pussent jamais devenir pour

elle un moyen d'émancipation. « Il est difficile d'accepter, disait M. Lucien Brun, que la femme, contre qui la séparation a été prononcée, reprenne à cause de ses méfaits la libre administration de ses biens. Il est au contraire très acceptable que la femme qui a obtenu la séparation de corps obtienne cet avantage. »

Cette distinction entre la femme qui avait triomphé dans l'instance en séparation de corps et celle qui avait succombé, n'était d'ailleurs pas nouvelle. Elle était empruntée au Code civil italien dont les articles 135 et 136 qui déterminent la capacité de la femme séparée de corps, sont ainsi conçus : Article 135. « L'autorisation du mari n'est pas nécessaire... 2° si la femme est légalement séparée par la faute du mari. » — Article 136. Si la femme est légalement séparée par sa faute propre, soit par la sienne et celle du mari, soit par mutuel consentement, l'autorisation du tribunal est nécessaire. Le tribunal ne peut accorder cette autorisation si, auparavant, le mari n'a pas été entendu ou cité à comparaître en la Chambre du Conseil sauf le cas d'urgence. »

On remarquera qu'après avoir emprunté à ces articles du Code civil italien le principe d'une restitution de capacité au profit de la femme qui a obtenu la séparation de corps, le projet Bardoux lui donnait cependant une portée très différente. D'après l'article 136 de la loi italienne, il n'y a pas à rechercher si la séparation est due à la seule faute de la femme ou aux torts réciproques des conjoints. Dans les deux cas, l'autorisation de justice est exigée. Au contraire, et en vertu des déclarations des auteurs du projet français, si la femme contre laquelle la séparation de corps avait été prononcée, restait incapable, la femme, qui après avoir succombé sur la demande principale, avait triomphé sur une demande reconventionnelle, recouvrait la pleine capacité civile. D'autre part, à la différence du système Bardoux qui laissait à la femme une libre option entre l'autorisation du mari et celle de justice, l'article 136 du Code italien déclare l'autorisation judiciaire dans tous les cas nécessaire. Mais, ces deux systèmes législatifs concordent en ce que l'un et l'autre imposent aux tribunaux saisis d'une demande d'autorisation l'obligation de mettre le mari en demeure de donner des explications avant de prendre aucune décision.

La distinction qui servait de base au système que nous étudions, était de prime abord séduisante, elle pouvait paraître rationnelle. Il est impossible cependant, en allant au fond des choses, de ne pas reconnaître qu'elle n'était que spécieuse, et qu'elle ne résistait pas à l'examen.

Et tout d'abord cette idée d'infliger une peine à la femme contre qui la séparation de corps a été prononcée en la maintenant en état d'incapacité, d'accorder, d'un autre côté, une faveur, une récompense à la femme qui a obtenu la séparation, était-elle soutenable ? Parmi les différentes causes de séparation, une seule mérite une pénalité à raison de son caractère de gravité, c'est l'adultère. Déjà on est en droit de se demander s'il couvient d'ajouter une peine accessoire à celle dont l'époux coupable est frappé par la loi. Mais quand la femme a motivé une demande en séparation de corps par son caractère acariâtre ou difficile, quand c'est l'incompatibilité d'humeur qui a été la cause de la séparation, est-il possible d'admettre que la faute commise mérite une autre sanction que celle d'un jugement de séparation et entraîne une nouvelle déchéance. Est-il possible, *a priori* de déclarer indigne cette femme par cela seul qu'elle aura succombé dans l'instance en séparation. D'ailleurs, si l'on consulte la statistique, on s'aperçoit que les séparations de corps pour adultère de la femme sont seulement dans la proportion de 3 à 5 p. 100. Était-il nécessaire, utile, de faire une loi pour une catégorie aussi peu nombreuse?

L'émancipation de la femme relative ou absolue ne doit pas être considérée comme une récompense pour la femme, un châtiment pour le mari. C'est une suite, une conséquence du nouvel état créé par la séparation de corps. Et c'est bien ainsi que les auteurs du Code civil l'avaient compris, lorsqu'ils accordaient à la femme contre qui la séparation de corps a été prononcée, la même libre administration qu'à la femme qui l'avait obtenue.

D'autre part, si le législateur considère l'incapacité comme une peine, la capacité comme une récompense, on est amené à conclure qu'il voit le mariage d'un œil défavorable puisqu'il frappe d'incapacité la jeune fille qui se marie, que, par contre, il est favorable au divorce puisqu'il relève de son incapacité la femme même condamnée par le jugement de divorce.

Certes, on a protesté contre cette qualification de peine appliquée au maintien de l'incapacité de la femme contre qui la séparation aurait été prononcée : « Ce n'est pas une peine, a dit M. Bardoux, c'est une restitution de droits et non pas une réduction de droits. *Nous restituons un droit* existant qui a été momentanément aliéné et qui doit revenir à la femme, quand la vie commune a cessé. Ne savez-vous pas tous du reste, que le Code civil lui-même, a pris soin lorsqu'il s'agit de séparation de corps, de faire ces distinctions ? Est-ce qu'il n'enlève pas les gains de survie, le préciput à l'époux contre lequel la séparation de corps a été prononcée ? Est-ce qu'il ne fait pas tomber les avantages de donations entre époux, depuis l'arrêt célèbre de 1845, au préjudice de l'époux contre qui la séparation de corps a été prononcée. Est-ce que ces nuances n'existent pas dans la loi civile ? Vous voyez donc que le caractère pénal de la peine n'existe pas. Autre chose est une déchéance, autre chose une peine dans le sens juridique (1). »

Cette argumentation ne nous paraît pas devoir être admise. Le mot déchéance est inexact ici. La déchéance

______

(1) Sénat, *Déb. parlement.* Séance du 25 janvier 1887.

est la perte d'un droit, perte survenue parce que les causes qui avaient fait naître ce droit ne se rencontrent plus pour en justifier le maintien. Par exemple, quelle est la cause, la raison d'être de la puissance paternelle? C'est l'aptitude supposée du père à diriger l'éducation de ses enfants. S'il en devient incapable, il est déchu parce que la raison d'être de ce droit a disparu. De même, l'époux contre lequel la séparation est prononcée perd le bénéfice des avantages qui lui avaient été faits. Il est déchu parce qu'il ne s'acquitte plus des soins et des services qu'il doit à son conjoint et qui sont la raison d'être de ces avantages. « La révocation n'est pas autre chose qu'une interprétation du contrat de mariage, lorsque par contrat du mariage il y a eu avantage fait par l'un des époux au profit de l'autre. Lorsque cet époux ne justifie plus au regard de son conjoint l'avantage dont il a été l'objet, la révocation est de droit. C'est une interprétation de la pensée même qui a présidé aux stipulations du contrat de mariage, sur la foi desquelles stipulations le mariage a été contracté ; il était très naturel alors que la loi et la jurisprudence vinssent attacher au fait de la condamnation le retrait de l'avantage qui avait été fait (1). »

Mais en cas de séparation de corps, rien de pareil, pas d'analogie possible. La cause qui sert de fondement au pouvoir marital a-t-elle disparu avec la séparation

______

(1) Sénat, *Déb. parlement.* Denormandie, Séance du 25 janvier 1887.

de corps, alors même que cette séparation a été prononcée contre la femme? Non. Et dès lors, c'est une véritable pénalité que le système Bardoux prononçait contre la femme qui avait succombé dans l'instance en séparation de corps, une pénalité nouvelle augmentant le nombre des déchéances auxquelles elle est déjà exposée.

Mais laissons cela, et plaçons-nous à un autre point de vue. Veut-on admettre que nul n'ait entendu imprimer à la distinction proposée un caractère de mesure répressive, soit. Nous prétendons qu'il est inadmissible de faire varier la position juridique de la femme avec le résultat final de l'instance en séparation de corps. Que si l'on admet, et nous admettrons que l'incapacité de la femme mariée est une institution aussi bien nécessaire à la femme qu'à la famille, comment les torts du mari pourraient-ils constituer une raison suffisante pour entraîner l'abandon de cette garantie essentielle?

Mais, dit-on, le mari condamné a perdu tout prestige moral, il doit être déchu. Nous répondons qu'il peut arriver qu'un mari violent et emporté soit cependant « bon économe », qu'il serait dès lors excessif, *a priori*, de l'exclure de tout contrôle sur les actes juridiques de la femme, alors surtout qu'il conserve en principe tout à la fois la jouissance et l'administration légale du patrimoine de ses enfants, lors même que la séparation a été prononcée contre lui.

Nous ajoutons qu'en tous cas, et prise en elle-même,

l'issue de l'instance ne peut fournir qu'un critérium de sûreté douteuse pour la question qu'il s'agit de résoudre. « En fait, dit M. Cabouat, il eût été essentiel d'avoir égard à la nature des torts qui ont motivé la condamnation. A-t-elle été prononcée, cas fréquent, contre une femme de mœurs irréprochables mais de caractère difficile, nul doute qu'elle frappe une personne digne sous tous rapports de recevoir la libre gestion de son patrimoine ; aussi bien n'est-ce pas elle qu'on veut atteindre ; en réalité on ne désire user de rigueur que contre la femme coupable de graves écarts de conduite, contre celle-là seulement qui serait tentée de demander à la disposition de sa fortune les moyens de subventionner ses désordres. Cependant, faute de cette distinction nécessaire, le projet les atteint sans distinction et aussi bien contre toute raison que contre la pensée même de ses auteurs, soumet au même traitement deux catégories de femmes dont l'une au moins subit des rigueurs qui en bonne justice devraient lui être épargnées (1). »

La distinction proposée par M. Bardoux et qui devait à l'origine être adoptée par le Sénat, était donc mauvaise, inacceptable en théorie. Elle n'était pas meilleure au point de vue pratique. Était-on sûr d'atteindre le but désiré, d'éviter le scandale d'une femme n'usant de sa pleine capacité que pour tenir une conduite irrégulière et dissipatrice ? Rien n'était plus douteux.

(1) Cabouat, *Examen critique du projet de réforme adopté par le Sénat*, p. 37.

Mais voici qui est plus grave. Nous avons déjà dit que du texte même de l'amendement Bardoux et du commentaire que lui avait donné son auteur, résultait qu'au cas de séparation prononcée contre les deux époux, la femme, comme au cas de séparation prononcée exclusivement à son profit, reprenait son entière capacité sans restriction aucune. Nous avons fait connaître le raisonnement tenu à cet égard par M. Bardoux, tendant à établir qu'à traitement judiciaire égal des deux conjoints, la femme était censée avoir moins gravement démérité que le mari. On n'a pas eu de peine à démontrer qu'il n'y avait là, de la part de M. Bardoux, qu'une pure supposition que l'expérience des faits venait condamner, et que les tribunaux, contrairement à ce qu'il pensait, n'avaient jamais cessé de maintenir l'égalité, à cet égard, entre le mari et la femme. « Si la présomption de M. Bardoux était fondée, dit M. Bressolles, et si elle devait ainsi établir une inégalité entre les époux, pourquoi n'en est-il pas de même sur la question de la révocation des avantages réciproques en cas de double séparation de corps? Cependant la doctrine et la jurisprudence sont d'accord pour décider que, dans ce cas, la révocation est double et la femme n'est pas plus favorisée que le mari (1). »

Mais à quoi bon insister? Voyons les conséquences.

______

(1) Bressolles, *Nouvelles observations sur le projet de loi proposé par MM. Allou, Batbie, Denormandie et Jules Simon*, p. 32, Toulouse, 1887.

Voilà deux femmes séparées de corps, l'une condamnée sur la demande du mari, l'autre conjointement avec ce dernier, toutes deux à raison de fautes identiques. La première est maintenue sous le joug de la puissance maritale, la seconde recouvre sa pleine capacité. Et cependant l'une et l'autre sont sur le même plan. Est-ce qu'à ces situations identiques logiquement ne doit pas correspondre l'uniformité des conditions juridiques ?

A ces critiques, le rapporteur de la loi à la Chambre, M. Arnault en a ajouté une autre : c'est l'extrême et fâcheuse variété de conditions que le projet voté par le Sénat en 1887 créait pour les femmes séparées de corps.

Déjà, sous le régime du Code, on comptait quatre catégories de femmes séparées et réconciliées, savoir: 1° la femme séparée de biens ; 2° la femme séparée de corps ; 3° la femme séparée de corps et réconciliée qui ne rétablissait pas le premier régime (art. 1451, C. civ.) et qui vivait avec son mari sous le régime de la séparation de biens ; 4° la femme séparée de corps et réconciliée ou séparée de biens seulement ayant rétabli le premier régime matrimonial, celui du contrat de mariage, par acte notarié avec publicité, conformément à l'article 1451 du Code civil. Il y avait alors du moins égalité de situation entre toutes les femmes séparées de corps et non réconciliées, *quelle que fût la cause de la séparation.*

Avec le projet de loi voté par le Sénat en 1887, avec la distinction entre la femme qui a obtenu la séparation de corps et celle contre qui la séparation a été obtenue, il fallait compter six catégories de femmes séparées et réconciliées : 1° la femme séparée de biens seulement (art. 1448 et 1449, C. civ.) ; 2° la femme séparée de corps qui n'a pas recouvré l'exercice de sa capacité civile, placée sauf quelques différences sous le régime de la séparation de biens ; 3° la femme séparée de corps qui a recouvré l'exercice de la capacité civile, soit que la séparation ait été prononcée en sa faveur, soit qu'elle l'ait été contre les deux époux ; 4° la femme séparée de corps qui a recouvré l'exercice de la capacité civile et qui s'est réconciliée sans acte notarié. Aux termes du dernier alinéa de l'article 3 du projet voté par le Sénat, cette femme conservait toute sa capacité à l'égard des tiers. Entre époux le régime était celui de la séparation de biens judiciaire ; 5° la femme séparée de corps qui avait recouvré sa capacité civile, qui s'est réconciliée et a fait avec son mari l'acte notarié et la publicité voulus par le dernier alinéa de l'article 3 du projet de loi. Les époux étaient alors placés sous le régime de la séparation de biens (Art. 1449) ; 6° la femme séparée d'une façon quelconque qui rétablit avec son mari le premier contrat de mariage conformément à l'article 1451. « N'y a-t-il pas là, disait très justement M. Arnault, une complication contraire à la pratique des affaires, et ne convient-il pas de faire disparaître l'une de ces catégories, la plus gênante, celle des femmes séparées de corps, et restant soumises à l'autorisation maritale ? Aujourd'hui, il suffit de savoir qu'une femme est séparée et dotale ou non dotale, pour être fixé sur sa capacité ; avec le projet, il faudra qu'une femme séparée marche dans la vie juridique, toujours armée de son jugement et de ses accessoires pour qu'on sache si elle est capable ou incapable. Est-il bien certain aussi, que la jurisprudence des tribunaux admettrait l'opinion de l'honorable M. Bardoux, pour le cas non prévu de la séparation prononcée à la fois contre les deux époux ? » Et ces complications n'étaient-elles pas bien inutiles si l'on n'avait d'autre but que d'atteindre les femmes qui ont été condamnées pour inconduite, lorsque l'on constate que leur proportion ne dépassait pas 3 à 5 p. 100 (3 p. 100 en 1883, 5 p. 100 en 1885).

Enfin, nous ajouterons deux considérations.

Est-ce que la distinction proposée était défendable en présence de la situation faite à la femme divorcée ? Tout porte à croire que la femme qui a motivé contre elle une demande en divorce doit avoir commis une faute plus lourde, plus grave, que celle contre qui le mari demande seulement la séparation. Le mari qui plaide en divorce n'envisage même pas l'éventualité d'une réconciliation. Le pardon lui semble impossible. Comment admettre alors que la femme divorcée recouvre sa capacité et que la femme, contre laquelle sera intervenu un jugement de séparation, quoique vraisemblablement moins coupable que la première, reste soumise à la puissance maritale. Et ne peut-il pas arriver alors que la femme contre qui une demande en séparation est dirigée trouve avantage à se rendre coupable d'adultère, afin que le mari transforme sa demande de séparation en une demande en divorce ?

D'autre part, la distinction proposée ne devait-elle pas avoir pour conséquence de pousser au divorce certaines femmes qui cependant le réprouvaient, et dès lors n'allait-elle pas à l'encontre du but qu'on se proposait ? En effet, l'article 310 du Code civil permet à l'époux qui a succombé dans l'instance en séparation comme à celui qui a triomphé, de demander après trois ans la conversion du jugement de séparation en un jugement de divorce. Après être restée trois ans sous le régime de l'incapacité, la femme contre qui la séparation aurait été prononcée, et qui aurait voulu recouvrer l'exercice de sa capacité civile, aurait été obligée pour parvenir à ce but d'invoquer l'article 310, et de demander au Tribunal une conversion que celui-ci ne lui aurait vraisemblablement pas refusée. De ce chef, il est bien évident que le nombre des divorces eût augmenté.

Tel est le système qui, après avoir été adopté par le Sénat en 1887, fut repoussé par la Chambre, et ensuite par le Sénat lui-même revenu ainsi sur sa première opinion. Il reposait sur une distinction critiquable en droit, il devait en tous cas être condamné par les conséquences auxquelles il aboutissait.

CHAPITRE III

Nous avons passé en revue les divers systèmes qui, au cours de la discussion de la loi, ont été successivement proposés comme remèdes à la situation intolérable faite par le Code à la femme séparée de corps. Nous avons fait connaître les raisons décisives, péremptoires, à notre avis, qui devaient les faire écarter. Il convient maintenant d'exposer, de justifier le système qui a prévalu. Ce système, qui consiste à rendre à la femme séparée de corps, quelle qu'ait été la cause de la séparation, que la séparation ait été prononcée contre elle ou à son profit, le plein exercice de la capacité civile, proposé par MM. Naquet et Léon Renault au cours de la première délibération, fut une première fois repoussé par le Sénat dans la séance du 18 juin 1885. Il fut, on se le rappelle, adopté par le Conseil d'État auquel, sur la demande du garde des sceaux, la proposition, dès le début de la seconde délibération, avait été renvoyée. Repris, sous forme d'amendement par M. Pâris, il était dans la séance du 20 janvier 1887, repoussé pour la se-

conde fois. Adopté sans discussion par la Chambre en
1892 (séance du 18 juin 1892), il triompha enfin au Sénat en 1893.

**A. — Arguments présentés en faveur de la restitution à la femme
séparée de corps, de la pleine capacité civile.**

Quels sont les arguments qui ont été invoqués en
faveur de cette réforme considérable ? Quelles sont les
raisons décisives qui devaient, malgré une opposition
acharnée, la faire admettre, qui la justifient?

Un premier argument a consisté à invoquer les traits
généraux de la condition juridique de la femme. La
femme, dans la législation moderne, est devenue, au
point de vue juridique, l'égale de l'homme. « D'après
notre droit moderne, la femme jouit en France, de la
plénitude des droits civils. Sur ce point, elle est placée
sur un pied d'égalité absolue avec l'homme. Pas de tutelle perpétuelle, pas de conseil judiciaire, pas d'intervention de fidéicommissaires (1). » Et en effet, dans
l'ordre des droits de famille, comme dans l'ordre des
intérêts pécuniaires, la femme est investie d'une capacité à peu de chose près égale à celle de l'homme.
C'est ainsi, par exemple, que la femme est apte, à peu
près au même titre que l'homme, à exercer les droits de
puissance domestique sur la personne de ses enfants.
Veuve, elle succède à l'ensemble presque complet des

(1) Rapport de M. Flourens, *Doc. parlement.*, Sénat, 1886.

prérogatives de la puissance paternelle (C. civ., art. 149, 397, 384. — V. cependant art. 148 *in fine*, 381, 386, 391, 399) (1). D'autre part, la femme a la pleine capacité de contracter (arg. art. 488, 1123 et sq.), elle a les mêmes droits héréditaires que l'homme (art. 745), elle a la libre disposition de son patrimoine. Fille, veuve ou divorcée, pourvu qu'elle soit majeure, elle est douée d'une capacité civile aussi étendue que celle de l'homme (2).

Que si l'état de mariage la frappe d'incapacité, ce ne peut donc être pour l'asservir à raison d'une présomption d'infériorité d'esprit, d'un soupçon d'inexpérience ou de légèreté (3). Tel n'est pas et ne peut pas être aujourd'hui, dans notre législation, le fondement de l'incapacité de la femme mariée. Et dès lors « la dépendance de la femme à l'égard du mari ne peut se comprendre que comme conséquence de l'établisse·ment d'une certaine communauté d'intérêts entre époux et moyen d'assurer à la direction de l'association conjugale les avantages de l'unité de vues et de volonté (4) ». Au fond, l'incapacité de la femme procède

(1) V. Cabouat, *Examen critique du projet de réforme de la séparation de corps adopté par le Sénat*, p. 20.

(2) V. cependant article 442-3° du Code civil ; article 37 du Code civil ; Loi du 25 ventôse an IX, art. IX et encore ces derniers articles ont-ils été modifiés par la loi du 9 décembre 1897.

(3) Mariée, elle devient incapable, cependant elle conserve le droit d'exercer certains droits pécuniaires (art. 226, 905, 2°, 940, 1096, 2139, C. civ.).

(4) Cabouat, *Explication théorique et pratique de la loi du 6 février 1893*, p. 25.

donc de cette idée très simple que, dans une société de deux personnes, il faut un chef et il était tout naturel que ce chef fût le mari, tout désigné par ses aptitudes et sa connaissance habituelle des affaires pour la direction supérieure des intérêts communs, des intérêts du ménage. Voilà, a-t-on dit, la véritable raison d'être de l'autorisation maritale, de l'incapacité de la femme ? Et alors, s'il en est ainsi, si l'incapacité de la femme dérive de la communauté d'intérêts, si elle est liée « non plus à cet ensemble qui s'appelle le mariage, mais à la vie conjugale en ménage », comment admettre un instant qu'elle puisse survivre pendant la séparation de corps alors qu'une situation nouvelle s'est créée, qu'il n'y a plus de cohabitation, plus de ménage, plus d'intérêts collectifs auxquels il est nécessaire d'imprimer une direction unique ?

Ce raisonnement a été tenu par tous ceux qui se sont déclarés partisans de la restitution à la femme séparée de corps de la libre disposition de ses biens.

C'est d'abord M. Flourens qui, dans son très remarquable rapport au Conseil d'État s'est exprimé en ces termes qu'il faut reproduire : « Sur quel motif repose donc l'obligation pour la femme de se faire autoriser ? Est-elle présumée incapable de gérer sa fortune ? Évidemment non. Qu'elle devienne veuve, qu'elle obtienne le divorce, elle reprendra immédiatement le plein exercice de ses droits. Est-ce dans l'intérêt des enfants ? Pas davantage. L'absence d'enfants ou leur prédécès n'accroît en rien la capacité civile de la femme, pas plus que leur survenance ne la restreint. La raison d'être de l'autorisation maritale réside exclusivement, — et sur ce point il n'y a point de contestation, — dans la nécessité d'assurer l'unité de direction dans cette société de deux personnes qui se forme par le mariage et qui s'appelle l'association conjugale, unité indispensable à la paix et à l'honneur du ménage, comme à la bonne gestion des intérêts matrimoniaux.

« Il y a là une nécessité qui légitime la subordination de la femme au mari, sa privation momentanée du libre exercice de ses droits civils. Mais, si l'on reconnaît que telle est la raison d'être unique de l'autorisation maritale, il faut convenir que rien n'explique le retrait à une personne reconnue capable du plein exercice de ses droits, dès que cette unité de direction est devenue manifestement impossible, que les époux ont renoncé à tout ce qui constitue l'association de vie et d'intérêts, qu'ils se sont créé des domiciles distincts, qu'ils ont répudié jusqu'à la communauté du nom.....

« La vérité est que la capacité civile de la femme n'a et ne peut avoir qu'une seule justification : l'avantage de concentrer entre les mains du mari la direction de la fortune entière de l'association conjugale, soit qu'elle appartienne au mari, soit qu'elle appartienne à la femme, soit qu'elle soit le patrimoine de la communauté ou de la société d'acquêts. Mais une fois cette unité de direction devenue impossible par le fait de la

séparation de corps et de biens, la femme doit reprendre le plein exercice de sa capacité civile et la perpé-
tuation de son état de tutelle est aussi contraire à la
logique qu'à ses intérêts (1). »

M. Pâris de son côté, devant le Sénat, s'est exprimé
en ces termes : « D'où vient donc que la femme, en se
mariant, cesse de conserver sa capacité pleine et entière? Du moment où le mariage est contracté, il se
forme une société, et dans toute société, il faut un chef
qui la gouverne. Quel que soit le régime adopté par les
époux, communauté de biens, simple société d'acquêts,
la société conjugale a un fond commun qui doit être
administré ; les affaires de la maison doivent suivre une
direction unique. Des enfants naissent, il faut assurer
leur avenir ; le mari à qui la femme a promis respect
et obéissance sera le chef de la société naissante. Vo-
lontairement, par le fait du mariage, la femme se su-
bordonne au mari et se soumet à son autorité. Tel est
le véritable fondement de l'autorité maritale. Tant que
le mariage existe dans son intégrité, le mari est le maî-
tre ; il est donc naturel qu'il accorde ou refuse l'autorisation dont la femme a besoin pour les actes de la
vie civile. Lorsque, au contraire, la femme est divorcée, lorsque le lien conjugal a été rompu, la femme recouvre naturellement sa liberté pleine et entière.

« Ne doit-il pas en être ainsi quand la femme est sim-

_____

(1) Rapport de M. Flourens, *J. Off.*, Sénat, *Doc. parlement.*, 1886,
p. 380.

plement séparée de corps ? Nous n'hésitons pas à répondre à cette question par l'affirmative ; la cause a disparu, l'effet doit disparaître. Je dis que la cause a disparu, et en effet, entre ces époux séparés de corps, plus de cohabitation, plus de vie commune, plus de société. La communauté ou la société d'acquêts est dissoute et liquidée. La séparation de corps produit nécessairement la séparation de biens. Le mari et la femme reprennent chacun de son côté l'administration des propres. Les enfants eux-mêmes ont cessé d'être réunis autour du même foyer. La justice a décidé, prenant leur intérêt pour règle, auquel, du père ou de la mère, leur éducation devait être confiée. Pourquoi maintiendrait-on un chef à la tête d'une société dissoute (1) ? »

Et enfin, M. Falcimaigne, commissaire du gouvernement a résumé après M. Léon Renault, la même argumentation en ces termes précis : « Aujourd'hui, le principe de l'autorité maritale repose certainement et uniquement sur cette seule idée que le mariage constitue une petite société, et que dans cette petite société comme dans les grandes, il faut sous peine d'anarchie un gouvernement et un chef. Le mari est le chef de l'association conjugale, parce qu'il a la surveillance de la personne de la femme, et aussi parce qu'il a la sauvegarde des intérêts communs. C'est là, la base unique de l'incapacité de la femme. Et alors, voici la question

____

(1) *J. Off.*, Sénat, séance du 18 janvier 1887.

qui se pose : la séparation de corps a-t-elle pour résultat de mettre fin à cette société que la loi a entendu régir de la façon que j'ai exposée et dissoudre cette association conjugale (1) ? »

Ce raisonnement, d'une simplicité séduisante, est-il à l'abri de toute critique ? Est-il rigoureusement exact de prétendre que l'incapacité de la femme mariée n'ait d'autre cause, d'autre fondement que la nécessité d'assurer dans l'association conjugale l'unité de vues, de volonté, de direction ? En d'autres termes, cette nécessité d'assurer dans l'association conjugale l'unité de direction peut-elle à elle seule rendre compte de l'incapacité de la femme ?

Sur ce point, a dit M. Flourens, il n'y a pas de contestation possible. Cependant, à cette question de savoir quel est le fondement de l'incapacité de la femme mariée, les auteurs du nouveau Denisart répondaient : « c'est sur quoi les auteurs sont extrêmement divisés ». Merlin examine et discute les divers systèmes proposés sur cette question (2). Il ne nous paraît pas inutile de les passer en revue, afin de dégager, si possible, quelle a été exactement dans l'esprit des auteurs du Code civil, la raison d'être de l'incapacité de la femme, et en même temps, d'apprécier le mérite de l'argumentation fournie par les auteurs de la loi de 1893.

Trois systèmes ont été soutenus sur la question ; tous

(1) *J. Off.*, Sénat, séance du 16 janvier 1893.
(2) Merlin, *Répertoire*, I, V° *Autorisation maritale*, § 2.

sont d'accord sur un point : tous admettent, comme base de leur théorie, la puissance maritale dont le principe est déposé dans l'article 213 : « Le mari, dit ce texte, doit protection à la femme, la femme obéissance à son mari. » La raison d'être de la puissance maritale, est que le mariage constitue une société ; or, dans toute société, il faut un chef ; la loi donne ce titre au mari ; d'où naît pour la femme l'obligation d'obéir, obligation corrélative au droit de commander qui appartient au mari. Tenue envers lui du devoir d'obéissance, elle ne doit rien pouvoir faire sans son assentiment ; de là, la nécessité, quand elle veut accomplir un acte juridique, d'obtenir l'autorisation ; celle-ci est donc un hommage rendu à la puissance maritale. « La puissance que le mari a sur la personne de sa femme, dit Pothier, ne permet pas à la femme de rien faire que dépendamment de lui (1). »

On est d'accord pour reconnaître que tel est bien le fondement principal de l'incapacité, mais l'on se sépare quand on se demande s'il n'en existe pas d'autres. D'après les uns, ce fondement unique se suffirait à lui-même ; d'autres y ajoutent la faiblesse naturelle et l'inexpérience de la femme ; d'autres enfin, l'intérêt de la famille.

Selon le premier système, la femme n'est pas dans notre droit incapable en tant que femme ; fille ou veuve,

____

(1) Pothier, *Puissance du mari.*

à la condition d'être majeure, elle jouit d'une entière capacité civile. Par suite, l'autorisation maritale, par laquelle s'affirme la suprématie légale du mari, est un acte de soumission de la femme plutôt qu'un acte de protection du mari ; la loi n'a pas voulu protéger la femme en tant que femme ; l'incapacité n'a été créée que pour rendre efficace le droit qu'a le mari d'être obéi et non pour protéger la femme contre sa faiblesse, son inexpérience, son ignorance des affaires.

Il ne faut point, ajoute-t-on, ne considérer dans l'autorisation que l'intérêt matériel de la femme ou du mari et croire que le législateur n'a eu en vue que la bonne gestion de la fortune des époux. Le principe est fondé sur un intérêt d'ordre plus élevé, sur l'intérêt public qui a créé la puissance maritale. « Les bonnes mœurs, disait le président Bouhier, ne permettent pas à la femme d'avoir communication d'affaires avec autrui sans le su et le congé de son mari pour éviter suspicion (1). » Cet intérêt d'une haute moralité suffit à expliquer le système étroit de notre Code en la matière.

Enfin, dit-on, en dehors du régime dotal, rien ne s'oppose à la capacité personnelle de la femme ni à la disponibilité de ses biens dès que le mari l'autorise, c'est donc seulement dans l'intérêt du mari et de sa puissance maritale que cette autorisation est exigée.

(1) Bouhier, *Observations sur la coutume du duché de Bourgogne,* chap. XIX, n°s 46 à 51.

Cette théorie soutenue par Beaumanoir, Guy Coquille, Loysel et Pothier, a été reprise de nos jours par
Delvincourt, Toullier, Duranton, Allemand (1); c'est
évidemment celle dont se sont inspirés au cours de la
discussion de la loi de 1893 les partisans de la restitution
à la femme séparée de corps de la pleine capacité civile.

Que ce système uniquement basé sur la nécessité
d'assurer au mari la haute direction des affaires conjugales, qui présente la puissance maritale comme un
moyen de gouvernement domestique, et la sanction
nécessaire de la dépendance sous laquelle l'état de mariage place la femme à l'égard du mari, soit excellent
en thèse, qu'il puisse servir de base rationnelle à une
législation donnée, il est difficile de ne pas le reconnaître. Telle est d'ailleurs la voie dans laquelle semble
devoir s'engager la législation de l'avenir (2).

Mais, que tel soit le système du Code de 1804, que le
législateur, à cette époque, n'ait eu en vue que l'intérêt
du mari, de la puissance maritale, n'ait eu d'autre
souci que d'assurer au chef de la société conjugale un
pouvoir effectif, et garanti contre les embarras que
pourrait lui susciter l'action indépendante de sa co-
associée, c'est ce qu'il est aisé de réfuter au moyen d'arguments tirés du Code civil lui-même.

(1) Merlin, *Rép.*, I, *Autorité marit.*, § 2, p. 401 ; Pothier, *Puissance du mari*, 3 à 5 ; Delvincourt, I, p. 75 ; Toullier, II, n° 615 ;
Allemand, *Traité du mariage*, II, n° 931 ; Duranton, p. 333.
(2) M. Gide qui critique le système actuel de notre Code arrive à
cette conclusion (Gide, *Condition privée de la femme*, p. 473).

Certes, comme on l'a fait très justement remarquer, à ne considérer que le régime de communauté, on serait tenté d'adhérer à ce système. Sous le régime de communauté en effet, les époux collaborent de concert, à la gestion de leurs intérêts. La femme, bien qu'incapable, concourt en fait dans une très large mesure à la direction des intérêts communs. Elle exerce une influence morale considérable, et il est peu d'actes de quelque importance relatifs au patrimoine sur lesquels la femme ne soit appelée à donner son avis. Fréquemment même, elle devient partie nécessaire à l'acte quand les tiers, pour traiter, exigent que la femme renonce à son hypothèque légale. Si, donc, les époux prennent tous deux une part active à la gestion de leurs intérêts, il est indispensable d'assurer, en cas de conflit, la prépondérance de l'un d'eux, et de faire prévaloir la décision du mari, chef de l'association conjugale.

Cependant, cette constatation ne doit pas faire prendre le change sur la réalité des choses. L'autorité du mari en somme ne cesse pas d'être prépondérante, et le législateur l'a bien pensé, puisqu'il a cru nécessaire d'en contre-balancer les effets par une série de garanties destinées à mettre la femme à l'abri des prodigalités ou de l'influence abusive du mari (art. 1408, 1430, 1443, 1471, 1483 et 1453). L'hypothèque légale, accordée à la femme par l'article 2121, est d'ailleurs loin de compenser l'inégalité des situations entre époux. Sans doute dans ses applications aux conquêts, elle associe activement la femme à l'administration de la communauté et dans son application aux biens du mari, elle investit la femme d'un droit de contrôle et de surveillance sur les actes du mari ; cependant, on ne saurait la considérer comme un équivalent pour la femme de l'autorité maritale. Autre chose, l'hypothèque qui ne se fait sentir que sur une catégorie de biens, autre chose l'incapacité qui d'une manière générale paralyse l'activité juridique dans l'ensemble de ses manifestations.

En tous cas, si la seule nécessité d'assurer au mari la direction des affaires communes, abstraction faite de toute idée d'inégalité entre conjoints, devait être considérée comme ayant inspiré aux auteurs du Code l'effacement juridique de la femme, son incapacité, comment alors expliquer dans la loi cette indépendance absolue entre ces deux termes : *incapacité de la femme, existence d'une communauté d'intérêts, d'une société pécuniaire entre les époux*. Les époux ont adopté le régime de la séparation de biens ; ils ont ainsi nettement marqué leur volonté d'éviter toute confusion de leurs patrimoines respectifs. Est-ce que, dans ce cas, rien n'est changé dans la condition juridique de la femme (art. 215, 217, 1449-3°, 1576). Comment encore expliquer que soient interdits au mari tous actes emportant abdication directe ou même indirecte de la puissance maritale (art. 223, 1388, 1538-2°)? comment expliquer l'article 224 qui ne permet pas au mari mineur d'autoriser sa femme ? Il est investi cependant de la puissance maritale, et dans notre ancien droit coutumier où, selon Beaumanoir et les partisans de sa doctrine, l'incapacité avait pour base unique la puissance maritale, on reconnaissait au mari mineur le droit d'autorisation (1). Pourquoi en est-il différemment aujourd'hui? De même encore, comment concevoir que la femme puisse se prévaloir de la nullité résultant du défaut d'autorisation ? Le mari seul devrait avoir ce droit si son unique intérêt est en jeu.

Il est vrai qu'en cas d'interdiction légale ou judiciaire du mari, si elle est désignée comme tutrice, en cas d'absence, si elle use de la faculté d'opter pour la continuation de la communauté (art. 124), la femme prendra l'administration tant des biens communs que des propres du mari. Toutefois, en aucun de ces cas, on ne peut dire qu'elle succède purement et simplement à ses attributions ; en qualité de tutrice, elle agit sous le contrôle du conseil de famille et suivant les conditions qu'il lui a imposées ; quant à la femme de l'absent, elle n'exerce à l'égard des biens dont elle a pris l'administration que des pouvoirs restreints (art. 1427) et en somme un peu inférieurs à ceux de l'envoyé en possession provisoire.

Cependant, même en pareil cas, la femme demeure quant à son patrimoine personnel sous le régime de l'incapacité ; sans doute, elle recouvre l'administration

____

(1) Gide, *op. cit.*, p. 424 ; Pothier, *Puissance du mari*, p. 29.

de ses biens, si elle en a délégué la jouissance au mari, mais elle devra, toutes les fois qu'il lui sera nécessaire de dépasser les limites d'une libre administration, requérir l'autorisation de justice (art. 222). En résumé, il lui est plus facile d'obtenir le pouvoir de représenter la personne du mari interdit ou de prendre la direction des biens communs en cas d'absence que d'être relevée par rapport à son patrimoine propre des effets de l'incapacité (art. 221, 222).

Ces différentes raisons nous paraissent décisives. Elles doivent déterminer le rejet de ce système qui est insuffisant puisqu'il ne peut arriver à expliquer les dispositions du Code sur la matière. Il convient de chercher un autre fondement à l'incapacité de la femme.

Le second système ajoute à la puissance maritale la faiblesse du sexe, l'*imbecillitas sexus*, comme second fondement de l'incapacité de la femme mariée. Il invoque ce passage de Lebrun : « Il faut donc dire que cette coutume est également fondée sur ces deux raisons : d'une part, la faiblesse du sexe....., de l'autre la prérogative du sexe masculin » (1). C'est la faiblesse, la légèreté, l'inexpérience de la femme qui nécessitent sa mise en tutelle.

Ce système, adopté par Proudhon (2), permet d'expliquer les dispositions du Code que nous venons de signaler ; mais, il se heurte à un principe de notre droit qui

---

(1) Lebrun, *De la communauté*, t. II, ch. 1, § 1, n° 1.
(2) Proudhon, *Traité sur l'état des personnes*, I, p. 454.

semble absolu et indiscutable, c'est le principe de la capacité de la femme non mariée. Si le législateur avait considéré la femme comme légère, faible et inexpérimentée, il ne lui aurait pas donné, comme il l'a fait, et sauf des exceptions peu nombreuses (1), la même capacité qu'à l'homme.

Pour essayer d'expliquer cette contradiction, les partisans de ce système ont dit : il est vrai que la femme mariée seule est incapable, et que la fille, la veuve, la femme divorcée jouissent de leur entière capacité. La raison en est que la femme mariée passant de l'état de fille en puissance de père, à l'état de femme en puissance de mari, n'a jamais le temps d'acquérir l'expérience des affaires. Elle est inexpérimentée. Pendant le mariage, la maternité l'absorbe, les soins du ménage lui enlèvent encore la possibilité d'acquérir cette expérience nécessaire à la bonne gestion de sa fortune.

Ces considérations ne nous paraissent pas décisives. Si elles sont exactes, pourquoi le législateur n'a-t-il pas mis en tutelle la jeune fille après sa minorité ; elle n'est plus en puissance de père, et cependant on déclare qu'avant son mariage, elle n'a pu acquérir aucune expérience des affaires. Pourquoi a-t-il rendu la capacité à la femme veuve ou divorcée qui pendant le ma-

---

(1) Cf. C. civ., art. 27. Loi du 25 ventôse, an IX, art. 9. Ces textes ont été modifiés par la loi du 17 décembre 1897 qui accorde aux femmes le droit d'être témoin dans les actes de l'état civil, et les actes instrumentaires en général. L'incapacité qu'ils édictaient contre les femmes est ainsi abolie.

riage est inexpérimentée, dit-on, et qui ne peut acquérir qu'à ses dépens et après la dissolution du mariage, cette expérience des affaires qui lui manquerait. On répond que si la jeune fille bien qu'inexpérimentée jouit d'après le Code de sa pleine capacité, c'est que ses actes ne concernent qu'elle-même ; mais sa capacité devient insuffisante si elle se marie parce qu'alors en se nuisant à elle-même, elle nuit au mari et aux enfants. Cette explication ne détruit point l'objection que nous venons de formuler. Si l'on veut mener jusqu'au bout les conséquences logiques de ce système, il faut déclarer la veuve incapable, parce que ses actes intéressent encore les enfants ; il faut charger les tribunaux de remplir auprès d'elle le rôle dévolu au mari avant la dissolution du mariage. Notre objection subsiste donc. La femme n'est pas, dans notre Code, incapable *propter sexum*. Il en résulte que l'incapacité de la femme n'a pour base ni l'intérêt exclusif du mari, ni l'intérêt de la femme en tant que femme.

Un troisième système propose l'intérêt de la famille, la défense des intérêts matrimoniaux. Il considère que l'incapacité constitue tout à la fois un hommage rendu à l'autorité du mari et la sauvegarde des intérêts généraux de la famille dans lesquels sont nécessairement compris ceux de la femme elle-même. La conservation des biens de la femme importe à toute la famille, à la femme, aux enfants, au mari lui-même. Ce dernier, constitué par la loi représentant de la famille et de ses intérêts collectifs, est appelé à ce titre à autoriser les actes accomplis par la femme, actes qui sont de nature à rejaillir sur toute la famille. Ce système est soutenu et développé en ces termes par MM. Aubry et Rau : « Sanctionner pour tous les actes de la vie civile le devoir d'obéissance imposé à la femme et garantir son patrimoine en tant qu'il est destiné à subvenir aux besoins du ménage, et à assurer l'avenir de la famille, tel est le double but que le législateur a eu en vue, en établissant la règle de l'autorisation maritale, laquelle est moins requise dans l'intérêt de la femme elle-même que dans celui du mari considéré comme chef de l'union conjugale, et comme gardien de tous les intérêts qui s'y rattachent (1). »

C'est à ce troisième système que nous croyons devoir nous rallier. Il a tout d'abord l'avantage d'expliquer les dispositions du Code que nous avons citées et qui sont inconciliables avec le premier système. En effet, si le mari mineur ne peut autoriser sa femme, c'est parce que les intérêts matrimoniaux sont en jeu, et qu'à raison de son âge, il est incapable d'y pourvoir avec tout le discernement nécessaire. D'autre part, si la femme peut demander la nullité, ce n'est pas en vertu d'un

____

(1) Aubry et Rau, V, p. 138, n. 5 ; *Adde* : Demolombe, IV, n° 117. Huc, *Comment. du C. civ.*, II, n° 240 ; Deloye, *Théorie de la puissance maritale*, p. 138 ; Laurent, *Principes du droit civil*, III, n° 95. V. la théorie du même auteur sur l'égalité des époux dans l'*Avant-projet de révision du C. civ. belge*, I, p. 424. M. Bufnoir à son cours. Beudant, *loc. cit.*, I, n° 345.

droit personnel établi à son profit particulier, mais en tant que membre de la société familiale, participant aux intérêts collectifs, qu'il s'agit de garantir. Enfin, cette théorie échappe à la grave objection que l'on peut faire à la seconde, à savoir, que la femme n'est pas dans notre droit incapable *propter sexum*.

Cette doctrine, si elle n'est point exempte de toute critique, évite les idées extrêmes et exagérées des deux premières qui paraissent plutôt appartenir l'une à la législation ancienne, l'autre à la législation de l'avenir. Il n'est pas aisé de distinguer quelle a été la pensée des rédacteurs du Code civil ; les travaux préparatoires et l'exposé des motifs de Portalis ne nous donnent aucun renseignement à cet égard (1). Notre sentiment est que, fidèle à sa règle de conduite ordinaire, le législateur de 1804 a fait œuvre d'éclectisme, et qu'il a accepté, sans en chercher le fondement et le lien, les diverses solutions de l'ancien droit sur la matière, négligeant le principe pour s'occuper surtout des détails.

De là, que résulte t-il ? Que la nécessité d'assurer au chef de la société conjugale un pouvoir de direction effectif, ne peut, quelle qu'ait pu être d'ailleurs sa part réelle d'influence, rendre compte à elle seule de la dépendance de la femme, et que, dans l'œuvre du législateur de 1804, la volonté d'assurer au mari la gestion exclusive des intérêts communs, a tenu peut-être une

---

(1) V. Locré, t. IV, titre V, 2ᵉ partie, nᵒ 62, p. 521.

moindre place que celle de subordonner la femme au mari, de la placer en tutelle. Dès lors, l'argumentation que nous avons résumée, et qui a été fournie pour justifier la restitution à la femme séparée de la pleine capacité civile, et qui consistait à présenter cette restitution comme une application normale et rationnelle des règles relatives au fondement juridique de l'incapacité de la femme mariée dans notre droit, n'était pas exacte en elle-même, en l'état de notre législation. Le législateur de 1804 ne s'était pas mis en contradiction avec lui-même en conservant l'incapacité au cas de séparation de corps, et l'abolition de cet état de choses constituait bien réellement une innovation considérable.

L'innovation néanmoins était fondée, et le rapporteur de la loi en a très nettement, très justement déduit la raison déterminante. « Si les choses étaient entières, si le divorce n'était pas rétabli, a dit M. Arnault, plusieurs membres de votre commission auraient raisonné comme ceux de la commission du Sénat, et les premiers promoteurs du projet. Ils auraient dit : La séparation de corps ne dissout pas le mariage ; donc, elle ne doit pas dissoudre, comme le ferait le divorce, l'autorité maritale, née du mariage. Et il aurait fallu chercher par de communs efforts, quelles atténuations elle pouvait recevoir sans être anéantie. On critiquait, on devait même critiquer la substitution de l'autorité judiciaire à celle du mari, on aurait fini par trouver autre chose.

« Mais, ce n'est pas là, ce n'est plus la question. Le divorce est rétabli et ce rétablissement a donné une nouvelle physionomie au problème. *Il ne s'agit plus d'améliorer la séparation de corps en elle-même, et vis-à-vis du mariage indissoluble.* Il s'agit, pour les partisans comme pour les adversaires du divorce, de ne pas pousser, de ne pas contraindre au divorce, de ne plus laisser la séparation dans un tel état d'insuffisance et d'infériorité qu'elle serait en fait bientôt rejetée de la pratique, excepté pour quelques victimes volontaires de l'injustice du législateur et de la perpétuité du mariage. C'est sous l'influence de ces idées que le Sénat a déjà fait un grand pas, un pas décisif. Il a admis que l'autorité maritale pouvait périr dans le mariage, lorsque la femme obtiendrait la séparation de corps contre le mari. Il a rattaché ainsi l'autorisation maritale non plus à cet ensemble qui s'appelle le mariage, mais à la vie conjugale en ménage. Et, le ménage rompu par la séparation, de même que le régime matrimonial du contrat de mariage disparaît pour faire place à la séparation de biens, de même l'autorité maritale peut être remplacée par la liberté de la femme. Voilà le grand pas franchi, voilà l'idée nouvelle ! (1).

Ces déductions sont exactes. Le divorce rétabli, il ne s'agissait plus d'améliorer la séparation de corps en elle-même, et vis-à-vis du mariage indissoluble. Il s'a-

______

(1) Rapport de M. Arnault, *Doc. parlement.*, Chambre, 1887, Ann. n° 2151, p. 438 et suiv.

.—7

gissait, et c'était là le but essentiel de la réforme sur lequel tout le monde était d'accord, d'opposer une digue à l'envahissement du divorce, de permettre à la séparation de corps de lutter contre les séductions du divorce, de faire disparaître ces vices, ces défauts du régime de la séparation de corps que nous avons déjà signalés, et dont les femmes avaient de si justes raisons de se plaindre. Dans cet ordre d'idées, le Sénat, en 1887, en votant l'amendement Bardoux, en admettant que l'autorité maritale pût périr dans le mariage, lorsque la femme demanderesse avait triomphé, avait entamé le principe qui jusqu'alors avait paru indiscutable de la subsistance de l'association conjugale, après la séparation de corps. Il avait entr'ouvert la porte à la réforme, et il l'avait entr'ouverte de telle façon, qu'il fallait l'ouvrir tout à fait et laisser passer la réforme tout entière parce que la distinction de l'amendement Bardoux conduisait à des conséquences juridiques inacceptables. La restitution à la femme séparée de corps de la pleine capacité civile devenait ainsi le seul remède possible à la situation à laquelle il fallait mettre un terme pour sauver la séparation de corps elle-même.

Aussi bien, la réforme du régime de la séparation de corps, dans un sens nettement libéral, constituait bien moins l'introduction d'un principe absolument nouveau dans notre droit civil que la consécration de solutions que déjà il contenait en germe et la régularisation de certaines tendances de la jurisprudence. Certes, dans la pensée des rédacteurs du Code civil, la soumission de la femme à l'autorité du mari devait constituer, suivant l'expression de Duveyrier (1), « une règle inflexible autant qu'universelle » à laquelle il ne devait être permis aux époux de se soustraire, ni à la faveur d'aucune stipulation, ni même au moyen d'une séparation de biens judiciaire ou contractuelle. Placée au-dessus de toute renonciation formelle ou tacite du mari (art. 223, 1388, 1538) et protégée par des dispositions précises (art. 223, 1538, 1576) contre la persistance d'anciennes traditions d'indépendance des pays de droit écrit que, disait encore Duveyrier, « l'intérêt de la femme repousse, que la nature dément et que la loi française refuse » , l'autorité du mari apparaissait comme le principe immuable de la condition juridique de la femme, fût-elle séparée de corps. Mais, est-ce que déjà, malgré l'article 223 et l'article 1538, la femme habilitée à faire le commerce, ne jouissait pas d'une telle liberté d'action que « l'état de marchande publique, sous certains rapports, la soustrayait à la puissance maritale » (2). D'autre part, est-ce que l'article 1449 applicable aux deux séparations de biens conventionnelle et judiciaire n'avait pas déjà pour effet, pour résultat de restituer à la femme une notable part de capacité ?

Voilà les raisons principales qui, à notre avis, justi-

(1)Rapp. au Tribunat. Locré, XIII, p.297 et 393.
(2) Colmet de Santerre et Demante, t. I, n° 302.

fient pleinement la réforme opérée par la loi du 6 février 1893. Voyons maintenant les critiques qui lui
ont été adressées.

On a soutenu que si la séparation de corps trouble
profondément la situation des époux, elle laisse subsister le mariage, la famille. Elle ne détruit aucun des intérêts en vue desquels l'autorité maritale a été établie.
Elle en fait même surgir de nouveaux qu'il serait im-
prudent de négliger. D'où la nécessité de maintenir la
femme séparée de corps sous le joug de l'autorité maritale, instituée non en faveur du mari, non en faveur
de la femme, mais dans l'intérêt de la famille.

Et tout d'abord, a-t-on dit, que faites-vous du mari
qui a obtenu la séparation de corps ou même contre
lequel elle a été prononcée? Ce mari, il a des intérêts
matériels, moraux, qui survivent à la séparation de
corps. En restituant à la femme séparée de corps sa
pleine capacité civile, en lui permettant de disposer
librement de sa fortune, en lui permettant de recevoir
sans aucun contrôle, vous allez porter à ces intérêts
matériels et moraux du mari une grave atteinte. Quels
exemples a-t-on proposés? Parmi les obligations qui
survivent à la séparation comme le mariage y survit
lui-même, se place l'obligation de secours et d'assistance mentionnée par l'article 212 du Code civil. Si le

mari tombe dans la misère, la femme est tenue de lui fournir des aliments. Comment pourra-t-elle satisfaire à cette obligation si elle se ruine? D'autre part, après la séparation et la liquidation de la communauté, il peut exister des gains de survie. Dans les contrats de mariage, on stipule souvent des avantages au profit de celui des époux qui survit à l'autre. En cas de séparation de corps, les gains de survie sont maintenus au profit de celui des époux qui a obtenu la séparation de corps (art. 300). Si c'est le mari, ces gains de survie continueront à subsister pour lui. Lorsque la femme mourra, il pourra les réclamer à sa succession. Si la femme après avoir dissipé son patrimoine meurt insolvable, comment le mari survivant pourra-t-il exercer ses droits? Voilà pour le mari un double intérêt subsistant après la séparation de corps, à ce que les biens de la femme ne soient pas dissipés par elle. Ils sont son gage. Il a donc le droit d'intervenir si la femme veut en disposer.

En ce qui concerne la première objection, une double réponse peut lui être faite.

Tout d'abord, on le sait, l'obligation de secours existe tout aussi bien à la charge du mari qu'à la charge de la femme. Or, quelles précautions prend-on à l'encontre de celui-ci tout au moins lorsqu'il n'a qu'une fortune mobilière? Il serait contraire au principe de l'égalité des sexes, qu'on prît contre la femme des mesures qu'on ne prend pas contre le mari. Si l'on pense qu'en vue d'une pension alimentaire à payer, il est nécessaire de limiter la capacité de la femme, il faut également décider que la capacité du mari doit être restreinte dans le même but et dans la même mesure. Or, c'est à quoi personne n'a jamais songé.

En outre, si à la suite d'une demande formée par le mari tombé dans le besoin après la séparation, la femme était condamnée à lui payer une pension alimentaire, les tribunaux pourraient, dans l'intérêt du mari, comme ils pourraient le faire au cas contraire dans l'intérêt de la femme, si son hypothèque légale ne lui suffisait pas, imposer à celle-ci la prestation de certaines sûretés, par exemple, affectation d'un capital ou caution, qui mettraient le mari, non pas à l'abri d'une insolvabilité réelle de la femme, car dans ce cas l'obligation alimentaire s'évanouirait, mais à l'abri d'une insolvabilité simulée.

L'objection relative aux gains de survie est plus spécieuse. En effet, tandis que le mari n'a aucune garantie contre l'insolvabilité possible de la femme, celle-ci au contraire est protégée contre l'insolvabilité possible du mari au moyen de deux garanties distinctes : d'abord, son hypothèque légale qui continue à grever les immeubles du mari même après la séparation ; ensuite la caution que l'article 1518 impose au mari en vue d'assurer la restitution des valeurs préciputaires, dont il reste détenteur en cas de renonciation à la communauté (1) ; et même, suivant quelques auteurs, conformément à la lettre du texte de l'article 1518, la restitution de la quotité du préciput dont le partage par moitié des biens communs (art. 1474) l'a laissé détenteur en cas d'acceptation (2). Or, ces garanties se conçoivent, il faut le reconnaître, dans l'hypothèse où le mari peut contrôler les actes de sa femme, prévenir les actes de dissipation les plus compromettants pour ses intérêts, mais paraissent inconciliables avec l'idée de la suppression de la puissance maritale, avec la pleine capacité juridique, recouvrée par la femme, l'inégalité s'établissant alors entre les époux, le mari perdant toute garantie, la femme conservant toutes celles qui lui ont été conférées par la loi.

On peut répondre qu'il y a exagération à mettre en parallèle l'incapacité de la femme, et les sûretés fournies par le mari. L'incapacité est une charge bien plus lourde pour la femme que l'hypothèque et la caution pour le mari. On peut, il est vrai, concéder que le législateur aurait bien fait en donnant au mari, contre la femme séparée de corps, des garanties égales, équivalentes à celles qui appartiennent à celle-ci.

Mais en tous cas, est-ce que cette question des gains de survie ne peut pas se poser et ne se pose pas de même façon que le mariage soit dissous par le divorce ou altéré par la séparation de corps ? En cas de divorce pro-

____

(1) Aubry et Rau, t. V, p. 501, n. 16, § 529.
(2) Colmet de Santerre, t. VI, note 185.

noncé au profit du mari, est-ce que celui-ci conserve un contrôle quelconque sur la disposition que la femme divorcée voudra faire de ses biens, meubles ou immeubles ? Pourrait-il invoquer vis-à-vis d'elle les gains qui auraient été stipulés dans le contrat de mariage, et dont il demeure bénéficiaire par suite du jugement de divorce rendu à son profit ? Personne n'a jamais songé à prétendre que le droit aux gains de survie existant au profit du mari divorcé, pût devenir une cause d'incapacité si limitée qu'elle fût pour la femme divorcée. Pourquoi, au point de vue qui nous occupe, distinguer entre la séparation de corps et le divorce, alors que la situation est identique (1) ?

Et d'ailleurs, en fait, il faut reconnaître que l'objection ne porte pas, ou que tout au moins elle n'a qu'une portée très restreinte, car, pour les gains de survie, comme pour la créance alimentaire, il n'y a pas parité de situation entre la femme et le mari. C'est ce que M. Falcimaigne a très nettement établi en ces termes : « Permettez-moi de vous citer quelques chiffres. En 1884, avant le rétablissement du divorce, sur 1000 séparations demandées, 895 ont été réclamées par la femme contre le mari et 105 par le mari contre la femme. Par conséquent, le nombre des maris coupables est dans la proportion des neuf dixièmes. En 1885,

____

(1) Le même raisonnement peut être tenu en ce qui concerne la pension alimentaire d'un caractère spécial prévue par l'article 301 au profit de l'époux qui a obtenu le divorce.

après la loi sur le divorce, sur 100 séparations, 87 ont été demandées par la femme contre le mari, et 13 par le mari contre la femme. Vous voyez que la proportion est toujours la même. Enfin, dans les dernières statistiques, publiées en 1888, nous trouvons : 1882 demandes formées par la femme contre le mari, et 288 par le mari contre la femme : par conséquent, si dans les neuf dixièmes des cas, nous n'avons à nous préoccuper ni de la créance alimentaire, ni des gains de survie, je crois qu'il est tout à fait inutile d'introduire dans nos lois des idées nouvelles pour sauvegarder ces droits (1). »

Dans le même ordre d'idées, au point de vue de l'intérêt du mari, on a encore fait ressortir, pour faire maintenir l'incapacité de la femme, l'immoralité qu'il y aurait à laisser une femme séparée de corps recevoir des donations sans le consentement de son mari. Est-ce que le mari, a-t-on dit, n'est pas en droit de se préoccuper de la conduite de sa femme, de l'usage qu'elle fera de sa fortune, de ce droit absolu qu'elle aura de recevoir tout ce qu'elle voudra, toutes les libéralités quelle qu'en soit la cause? N'est-il pas utile, important, moral que ce mari puisse contrôler tout ce qui vient accroître la fortune de sa femme.

A cette argumentation, il a été très justement répondu que l'incapacité, la nécessité de l'autorité mari-

______

(1) Sénat, *Déb. parlement.*, Séance du 16 janvier 1893, p. 24.

tale ne pouvaient créer une difficulté d'ailleurs toujours facile à tourner, qu'en matière de donations immobilières, que la femme capable d'accepter des donations dont la cause serait inavouable, les recevrait sous forme de bijoux, billets de banque, titres de rentes, actions ou obligations, valeurs mobilières de toutes sortes.

Après avoir objecté l'intérêt du mari, on a mis en avant l'intérêt des enfants. N'est-il pas à craindre, si la femme reprend la libre disposition de son patrimoine, qu'elle ne se livre à des spéculations aventureuses, ou ne favorise l'un de ses enfants au détriment des autres. Il est possible que les enfants aient à souffrir de la prodigalité ou de l'inexpérience de leur mère, livrée à d es conseillers dont les uns serontépris de sa personne, les autres plus nombreux de sa fortune. La puissance maritale protégera les intérêts des enfants.

Pour répondre à cet argument, on peut faire observer tout d'abord que la capacité que la femme reprendra, n'aura trait qu'à ses biens personnels ; que les enfants, s'ils sont majeurs, administreront leurs biens comme ils l'entendront ; que s'ils sont mineurs, ils continueront d'être soumis quant aux biens à l'autorité paternelle en même temps que les tribunaux règleront au mieux de leurs intérêts l'exercice des droits de garde et d'éducation qui seront confiés au père ou à la mère. Il s'agit donc seulement de protéger les droits éventuels des enfants sur les biens de leur mère. Or, dans ces limites, pour sauvegarder leurs intérêts d'une façon efficace, il faudrait créer une véritable incapacité des parents en faveur des droits successoraux de leurs enfants, mettre les père et mère en tutelle (le père comme la mère, car il n'est pas moins suspect que la femme, à cet égard) et leur enlever au profit de leurs héritiers la libre disposition de leur fortune. Autant de conséquences inacceptables.

A ce premier argument, on en a ajouté un second tiré de l'analogie de situation des enfants, en cas de séparation de corps et de divorce. M. Falcimaigne, à cet égard, s'est exprimé en ces termes qu'il est intéressant de reproduire : « La principale difficulté, celle qui doit nous préoccuper tous, c'est l'intérêt des enfants. L'honorable rapporteur insiste sur le péril qu'il y a à remettre entre des mains inexpérimentées la fortune des enfants. C'est un danger que je ne méconnais pas. Seulement voici ma réponse : ce danger il existe bien plus grave dans une autre situation à laquelle on ne porte pas remède, c'est précisément dans le cas de divorce. La femme divorcée, nous devons raisonnablement la supposer plus coupable, moins digne de la protection du législateur que la femme contre laquelle le mari a jugé suffisant de demander la séparation de corps, et cependant, la femme divorcée reprend incontestablement son entière liberté, quelles que soient les fautes qu'elle ait commises, que le divorce ait été prononcé contre elle, ou qu'il ait été prononcé à son profit. Il est certain alors que le lien matrimonial est définitivement rompu, et que le principe de la puissance maritale a disparu pour jamais. Eh bien, si le danger de rendre à la femme divorcée la libre administration de sa fortune quels que fussent les périls de cette mesure pour les enfants, n'a pas effrayé le législateur de 1884, je ne crois pas que dans l'hypothèse atténuée de la séparation de corps, le souci de l'intérêt des enfants doive vous permettre de faire ce que l'on n'a pas fait à l'égard de la femme divorcée » (1).

M. Naquet avait déjà produit la même argumentation : « Le nombre des femmes séparées de corps est relativement peu considérable ; mais il y a un grand nombre de femmes veuves ; il y aura maintenant des femmes divorcées. Vous donnez la plénitude de la capacité civile à la fille majeure, à la femme divorcée, à la femme veuve ayant des enfants ; vous la donnez à ces deux catégories alors que, pouvant contracter une nouvelle union, elles peuvent même courir le danger de subir des influences, que ne subira, en aucun cas, la femme séparée de corps et de biens, et puis pour cette petite minorité de femmes séparées de corps, vous supposez que l'intérêt des enfants sera compromis, si vous permettez à ces femmes de faire ce que vous permettez de faire à l'immense majorité des femmes. Cela ne se soutient pas, cela n'est pas logique (2). »

On a encore fait observer que si l'on jugeait la femme

(1) Sénat, *Déb. parlement.*, 1893, Séance du 16 janvier, p. 24.
(2) *J. Off.*, Ch. des députés, Séance du 18 juin 1885.

assez clairvoyante, assez ferme pour recevoir, à l'exclusion du père, la garde et la surveillance des enfants, on ne pouvait pas, sans contradiction, maintenir la femme sous un régime d'exception dans l'unique but de sauvegarder leurs intérêts pécuniaires (1).

On a fait observer enfin qu'on avait toujours la ressource d'user contre la femme des mesures édictées par le droit commun et que le conseil judiciaire, ou l'interdiction d'une part, la réserve de l'autre, suffiraient pour réprimer ou empêcher tous les écarts de la femme.

L'objection tirée de ce que la femme redevenue capable peut abuser de sa capacité, et compromettre non seulement ses intérêts, mais encore ceux de son mari et de ses enfants, tombe d'ailleurs devant la considération suivante. On part d'un point de vue inexact : on s'imagine que la femme est hors d'état de gérer convenablement sa fortune, et qu'elle est atteinte d'une incapacité de fait qui rend nécessaire une incapacité de droit. Or, c'est là une idée complètement erronée. La femme est à cet égard aussi capable que l'homme. Le mari peut se rassurer sur le sort de sa pension alimentaire et de ses gains de survie ; les enfants peuvent espérer recevoir un jour la fortune de leur mère. Enfin, est-ce que l'affection maternelle n'est pas un sûr garant que la femme fera de ses droits un usage avisé et prévoyant?

---

(1) Cabouat, *Explicat. théor. et prat. de la loi*, p. 43.

Il n'est d'ailleurs nullement démontré que la femme ne soit pas meilleure administratrice, plus économe gardienne du bien des enfants que ne l'est souvent le mari. Les statistiques seraient fort curieuses à consulter sur ce point et peut-être montreraient-elles qu'en France le nombre des familles ruinées par le mari, est plus considérable que le nombre de celles appauvries par le fait de la femme.

Une dernière objection a été présentée. Vous ne pouvez pas établir, a-t-on dit, une assimilation complète entre la séparation de corps et le divorce. Le divorce rompt complètement l'union conjugale ; la séparation de corps ne fait que relâcher le lien, elle ne constitue pas, comme le divorce, un état définitif et irrévocable ; elle n'est qu'un régime provisoire. Elle peut prendre fin par la réconciliation des époux. Il est de l'intérêt de la famille et en même temps de la société que cette réconciliation se produise.

Or, comment pourrait-elle se produire, s'il a existé, par le fait de la séparation, une suspension de l'autorité maritale, si la femme a possédé sa pleine capacité civile pendant plusieurs années ? Il n'est pas impossible qu'abusant de la liberté qu'elle a possédée, la femme se soit mise dans une situation pécuniaire qui met obstacle au rapprochement. Si la femme séparée vient à perdre sa fortune, il est à présumer que le mari sera tenté d'attribuer sa ruine à son insouciance, à son ignorance, ou à son incurie, et l'on doit craindre que cette pensée ne l'empêche de reprendre sa femme, qui rentrerait chez lui les mains vides. Cette idée est exprimée par Laurière, dans les termes suivants : « Il serait dangereux, que pendant que les choses sont ainsi en suspens, il fût permis à la femme d'aliéner ses immeubles, et en se ruinant, de se mettre hors d'état de retourner avec son mari qui ne voudra plus la reprendre si elle n'a plus rien » (1). On la retrouve sous une forme plus atténuée dans l'exposé des motifs de la proposition originaire de MM. Allou, Batbie, Denormandie et Jules Simon. « Il est impossible, disent les auteurs de la proposition, de laisser à la femme la libre disposition de ses biens. Il faut sauver l'avenir des enfants, et même dans les familles où il n'y en a pas, préserver la dot de la femme en vue d'une réconciliation dont on ne doit jamais perdre l'espérance (2). »

Nous répondons que sans doute la séparation de corps se distingue profondément du divorce. Elle respecte l'indissolubilité du mariage. Il y a plus : les époux se doivent, comme par le passé, fidélité, secours et assistance. Mais qu'ont de commun ces devoirs, les seuls qui survivent à la séparation de corps avec l'autorisation maritale ?

Les époux séparés de corps peuvent se réconcilier et il faut prendre soin de n'apporter aucune entrave à un rapprochement désirable à tous les points de vue. Mais,

(1) Laurière, sur l'article 234 de la *Coutume de Paris*, t. II, p. 222.
(2) Exposé des motifs, Sén. *Doc. parlement.*, 1884, n° 185.

en vérité, est-il possible de se faire de grandes illusions à ce sujet? Voici ce que, dans l'exposé des motifs du **titre** du Code civil consacré au divorce, disait déjà Treilhard à propos de la réconciliation : « Je le demande, combien de séparations a vues le siècle dernier, et combien peu de rapprochements ! Comment pourraient-ils s'effectuer ces rapprochements ? La demande en séparation suppose déjà des esprits extraordinairement ulcérés ; la discussion par sa nature augmente encore la malignité du poison. Le règlement des intérêts pécuniaires après la séparation lui fournit un nouvel aliment. Il n'y a donc presque pas d'exemples de réunion entre deux époux séparés, et j'ajoute que ces réunions furent quelquefois plus scandaleuses que les séparations mêmes. » Ce qui était vrai à l'époque de la discussion du Code civil est encore vrai de nos jours. Les réconciliations sont très rares. M. Naquet a pu affirmer que les séparations de corps suivies de réconciliation entre les époux ne dépassaient pas la proportion de deux pour cent. Fallait-il, pour deux femmes qui se réconcilient, sacrifier les quatre-vingt dix-huit femmes séparées de corps et subissant toute leur vie, ce régime de l'autorisation qualifié par le Conseil d'État d'illogique et de cruel ?

L'objection, alors même qu'elle serait fondée, n'a donc qu'une portée très limitée, mais l'objection n'a aucune valeur. Comment la pleine capacité rendue à la femme empêcherait-elle la réconciliation de s'opérer? Il semble tout au contraire que rendre la femme séparée absolument indépendante, ce n'est pas compromettre la réconciliation, c'est la rendre possible et la hâter. Si, en effet, la femme n'a plus jamais besoin de recourir à son mari, non seulement sa colère contre lui ne risquera plus de s'aggraver, mais les motifs d'inimitié qu'elle pouvait avoir se dissiperont peu à peu, et il est admissible que l'idée d'un rapprochement avec celui qu'elle a naguère détesté, entre un jour dans son esprit. Moins les époux auront eu d'intérêts à débattre, moins ils auront échangé de papier timbré, et plus le rapprochement sera facile, a dit avec juste raison un orateur du Sénat (1).

Et d'ailleurs est-ce que cet argument ne pourrait pas à aussi bon droit être invoqué contre le mari, pour le mettre sous la tutelle de la justice ? Est-ce que, en effet, la conservation de son patrimoine ne serait pas tout aussi souhaitable en vue de la réconciliation ?

Enfin, ici encore, n'y a-t-il pas entre la séparation de corps et le divorce une analogie frappante ? Le législateur n'a pas voulu que le divorce créât une situation plus irrévocable que celle qui naît de la séparation de corps. Dans la loi du divorce il se trouve une disposition portant que la réconciliation restera possible entre les époux divorcés, du moins sous certaines conditions (art. 295). Il n'est donc pas exact de prétendre que la possibilité de la réconciliation entre

____

(1) *J. Off.*, Sénat, *Déb. parlement.* Séance du 18 janvier 1887.

les époux séparés soit un obstacle dirimant au rétablissement de la femme dans la plénitude de sa capacité civile, car cette restitution à la femme de sa pleine capacité civile a lieu aussi en matière de divorce, sans qu'elle soit considérée comme un obstacle à la réconciliation souhaitée.

Telles sont les objections qui ont été faites au système proposé par le Conseil d'État. Elles n'ont pu en triompher. Et c'est le système de la restitution à la femme séparée de corps de la plénitude de la capacité civile qui a reçu force législative. Aussi bien ce système pouvait-il encore se justifier par deux arguments puissants, tirés, l'un des précédents historiques, l'autre des législations étrangères.

APPENDICE

**A. — Argument en faveur de la réforme tiré
des précédents historiques.**

L'indépendance juridique de la femme séparée de
corps n'était pas chose absolument nouvelle en France ;
elle s'était déjà réalisée dans notre ancien droit ; il est
facile d'en retrouver la trace. Bien plus, dans les pays
de droit écrit, le principe de la pleine capacité de la
femme mariée même non séparée, était de règle à l'é-
gard de certains biens (1).

I. — *Pays de coutume.*

Dans les pays de coutume, à l'origine, la femme séparée de corps et de biens, ou de biens seulement,
échappait à l'autorité maritale. C'est ce qui ressort des
articles 224 et 234 de la coutume de Paris, lesquels
étaient ainsi conçus :

Art. 224. — « La femme ne peut ester en jugement
sans le consentement de son mari si elle n'est autorisée
ou séparée en justice... »

Art. 234. — « La femme mariée ne se peut obliger

(1) Cet argument historique n'a pas été produit au cours de la discussion de la loi. Il a été présenté par M. Cabouat avant le vote de
la loi dans la *Revue critique de législation et de jurisprudence*, 1890,
p. 112 et suiv. V. p. 41 et suiv. de l'extrait de la *Revue critique*.

sans le consentement de son mari si elle n'est séparée par effet... »

Avant la réformation de la coutume, c'est-à-dire jusqu'en 1580, on interpréta ces textes en ce sens que la femme séparée pouvait s'obliger, aliéner, ester en jugement, tant à l'égard des immeubles qu'à l'égard des meubles, sans autorisation.

C'est ce que disait expressément Dumoulin, sur les articles 170 et 232 de la coutume des Bourbonnais : « *Facta separatione, mulier non est amplius in potestate mariti* (1). » Ferrière rapporte que : « la femme séparée, n'est plus en puissance de son mari, suivant le sentiment de Dumoulin sur l'article 170 de la coutume des Bourbonnais » et plus loin, sur l'article 224 de la coutume de Paris, à la fin de la glose 2, après avoir donné le texte de la coutume des Bourbonnais ainsi conçu : « La femme mariée est en la puissance de son mari, tant que le mariage dure, et ne retourne en la puissance de son père, aïeul, ni autre ascendant, soit que le mariage soit dissolu par mort du mari ou qu'il y ait séparation de biens » il conclut : « *ergo, simplex separatio bonorum reddit mulierem separatam a potestate viri* (2). Pothier nous apprend que l'article 171 de l'ancienne coutume d'Orléans contenait une dispo-

----

(1) Dumoulin, *Notes sur les coutumes*, t. II, p. 742, édit. de 1681.

(2) Ferrière, *Corps et compilation de tous les commentaires sur la coutume de Paris*, t. II, édit. 1685. Sur l'article 223, glose I, n° 14 ; sur l'article 224, glose 2 *in fine*.

sition analogue, laquelle fut supprimée lors de la réformation en 1583 (1).

Telle était la situation de la femme séparée dans le
très ancien droit coutumier. Mais, après 1580, la tradition coutumière se fixa en sens contraire, les commentateurs des coutumes et la jurisprudence proclamèrent
le principe de l'incapacité. On restreignit aux actes
d'administration le texte si général de la coutume de
Paris.

« Femme séparée de biens, dit Loysel, autorisée par
justice, peut contracter et disposer de ses biens comme
si elle n'était pas mariée. Ce qui est vrai à l'égard de
ses meubles et du revenu de ses immeubles, mais elle
a besoin de l'autorité de son mari pour l'aliénation de
ses immeubles (2). »

Laurière compare la femme séparée au mineur
émancipé. « Quand elle est séparée, dit-il, elle peut
ester en jugement, et elle devient semblable aux mineurs émancipés qui ont l'administration de leurs
biens, mais sans pouvoir vendre, engager ni aliéner
leurs immeubles pendant leur minorité (3). » Elle peut
s'obliger sans l'autorité du mari pour nourriture et
entretien et son obligation est valable et exécutoire sur
ses meubles et le revenu de ses immeubles ; elle peut

(1) Pothier, *Puissance du mari*, édit. 1770, n° 16.
(2) Loysel, *Institutes coutumières*, maxime 24, 1. 1, titre II, *Des
mariages*, p. 45, édit. 1665.
(3) Laurière, *Texte des coutumes de la prévôté et vicomté de Paris*,
édit. 1698, art. 224 de la coutume.

en faire baux, donner quittances ; elle peut s'obliger en
ce qui concerne le revenu, culture, entretènement de
ses fonds et héritages ; elle peut faire acquisition de ses
épargnes, et toute obligation de sa part vaut si elle
ne s'est obligée que jusqu'à concurrence de ses meubles et du revenu de ses immeubles.

Tels sont en empruntant aux commentateurs des
coutumes les actes permis à la femme séparée de
corps (1).

Mais, il lui est interdit d'aliéner ses immeubles ; « la
Cour, en ses arrêts, dit Ferrière, a jugé que la femme
séparée de biens ne pouvait pas faire des actes emportant l'aliénation de ses biens » (2). Puis, l'auteur cite les
actes qui constituent une aliénation ; s'obliger au paiement du prix d'une adjudication, hypothéquer et vendre
immeubles, constituer rente sur iceux, donner, échan-
ger immeubles, servir de caution. En un mot « il ne
lui est pas permis, dit Delalande, dans son commentaire de la coutume d'Orléans, de subir aucunes obligations qui aillent à l'aliénation de ses immeubles, et

(1) V. Brodeau sur Louet, Lettre F, sommaire 30. Bourjon, *Le droit
commun de la France*, t. I, liv. III, tit. X, chap. IV, sect. 4 et 5, *de la
femme séparée de biens*, nᵒˢ 15, 18, 19, édit. 1770. De Renusson,
Traité de la communauté, édit. 1723, 1ʳᵉ partie, chap. IX, nᵒˢ 28 et
36. *Science parfaite des notaires*, par C. de Ferrière, édit. 1728, t. I,
liv. III, chap. III, p. 102 ; Guy Coquille, *Œuvres*, édit. 1703, *Institution au droit des Français*, p. 62 ; De Ferrière, *Dictionn. de droit et
de pratique*, édit. 1749, Vᵒ *femme séparée* ; Beaune, *Condition des personnes*, Paris, 1882, p. 528 et 532.

(2) Ferrière, *Corps et complication*. Sur l'article 234, glose unique,
nᵒ 4 et suiv.

c'est une restriction et tempérament qu'il faut apporter aux coutumes » (1).

La raison de cette restriction nous est indiquée par le numéro suivant du commentaire (nous l'avons vu invoquer dans les travaux préparatoires de la loi nouvelle) : « le mari a le droit de prendre garde au ménagement et conservation du bien de sa femme à cause de leurs enfants et parce qu'elle est tenue de le nourrir s'il devient pauvre. »

Pothier résume de la façon suivante la situation de la femme séparée : « La femme séparée ayant par la séparation le droit d'administrer elle-même ses biens, les coutumes l'ont dispensée de l'autorisation pour tous les actes qui ne concernent que la simple administration de ces biens (2). »

Cependant, il subsista quelque chose du système primitif des coutumes. Les restrictions dont nous venons de parler n'ont trait qu'aux aliénations d'immeubles et aux obligations relatives à ceux-ci. Mais on ne supprima pas la règle d'après laquelle la femme séparée peut agir en justice sans autorisation du mari. « C'est une maxime généralement reçue dans le pays coutumier, dit Ferrière, que la femme séparée d'avec son mari peut ester en jugement sans être par lui autorisée ni par justice (3). » Si donc, l'on remarque que la

(1) Delalande, *Coutume d'Orléans*, revue par Perraux. Seconde édit. 1704, t. I, tit. X, art. 196, n°s 3 et 4, p. 408.

(2) Pothier, *Puissance du mari*, n° 15.

(3) Ferrière, *C orps et compilation*. Sur l'article 224, glose 2, n°s 2 et 30.

femme ne peut, selon Ferrière, s'obliger sur ses immeubles, on doit conclure que la distinction établie
pour les obligations, n'existe pas pour les actions en
justice, puisqu'il la passe sous silence. « Quand la
femme est séparée, dit Duplessis,..... elle est capable
d'ester en jugement tant en demandant qu'en défen-
dant, tant en matière civile que criminelle, sans aucune
autorisation de son mari ni de justice (1). »

Il faut arriver à Pothier pour trouver une restriction
au droit absolu de la femme d'agir en justice. « Ce pouvoir, dit-il, que la coutume donne aux femmes séparées
d'ester en jugement sans l'assistance de leur mari, étant
une suite du pouvoir que la séparation leur donne d'administrer leurs biens, sans avoir besoin pour cela de
leur mari, il est évident que cette exception pour les
femmes séparées ne doit s'entendre que des actions qui
concernent l'administration de leurs biens qu'elles peuvent intenter (2). »

Loin de disparaître complètement, le système du
droit coutumier primitif subsista dans quelques coutu-
mes qui donnèrent pleine capacité à la femme séparée.
Au siècle dernier, Pothier cite encore les coutumes de
Montargis (chap. VIII, art. 6) et de Dunois (art. 38) (3).
Il convient d'ajouter la coutume de Sedan, dont l'arti-

(1) *Traités* de Duplessis, notes de Berroyer et Laurière, édit.,
1704. *Traité de la communauté de biens,* t. I, p. 48.
(2) Pothier, *Puissance du mari,* n° 61.
(3) Pothier, *Puissance du mari,* n° 16.

cle 397 est ainsi conçu : « Femme séparée de son mari quant aux biens, par sentence du juge, peut contracter et disposer de ses biens, meubles et immeubles, tout ainsi que faire pourrait si elle n'était pas mariée (1). »

Il nous reste à dire un mot du régime spécial qui existait en Normandie. Un règlement de 1666 décida que la femme séparée avait le droit de vendre et d'hypothéquer sans autorité ni permission de justice et, sans l'avis et consentement de son mari, ses meubles présents et à venir de quelque valeur qu'ils fussent, ainsi que les immeubles par elle acquis depuis sa séparation. Mais elle ne pouvait vendre ni hypothéquer sans permission de justice et avis de parents les immeubles qu'elle possédait déjà à l'époque de la séparation ou dont elle avait hérité depuis. Cependant les actes de disposition qu'elle avait accomplis étaient exécutoires sur ses meubles et sur les revenus de ses immeubles (2). Tandis que la plupart des coutumes interdisaient absolument l'aliénation des immeubles, ce règlement distinguait entre eux suivant leur origine et leur date d'acquisition et validait leur aliénation dans le cas où ils avaient été acquis à titre onéreux depuis la séparation.

(1) Bourdot de Richebourg, *Coutume de Sedan,* édit. 1724, art. 97, t. II, p. 825.

(2) Rapporté par Boubier, *Œuvres de jurisprudence recueillies par Joly de Bery,* édit. 1787, *Observations sur la coutume du duché de Bourgogne,* chap. 22, nᵒˢ 48 et 49, p. 625.

II. — *Pays de droit écrit.*

Dans les pays de droit écrit, la situation juridique de la femme séparée n'est pas régie par des règles différentes de celles qui régissent la situation de la femme mariée non séparée. La femme possède à l'égard de ses paraphernaux une entière capacité. « La femme, dit Argou, non seulement peut administrer ses biens paraphernaux sans l'autorité de son mari, mais elle peut aussi les engager, vendre, aliéner sans son consentement… A ce sujet, je crois devoir remarquer que dans les Parlements de droit écrit, l'autorisation du mari est hors d'œuvre. Pour ce qui est des biens paraphernaux, la femme en peut disposer à toute sorte de titre sans le consentement de son mari (1). »

D'après Ferrière, « dans les pays de droit écrit, la femme peut valablement s'obliger, et les obligations s'exécutent sur ses biens paraphernaux, mais non sur ses biens dotaux » (2).

Enfin, Merlin nous apprend que : « La femme mariée en pays de droit écrit, n'avait pas besoin de l'autorisation de son mari pour ester à droit à l'égard de ses paraphernaux » (3).

En définitive, dans les pays de droit écrit, la femme mariée pouvait aliéner ses paraphernaux, s'obliger sur

(1) Argou, *Institutions au droit français*, t. II, p. 96-97.
(2) Ferrière, *Corps et compilation*. Sur l'art. 223, glose 2, nº 2.
(3) Merlin, *Répertoire*, Vº *Aut. marit.*, section I, p. 256, édit. 1827.

ces biens, agir en justice à leur égard. En fait, il est bon de remarquer que l'habitude que l'on avait de constituer en dot tous les biens présents et à venir de la femme, venait diminuer d'une façon notable l'importance de ces dispositions. Il convient d'ajouter que le Parlement de Paris pour les pays de droit écrit qui ressortissaient à sa juridiction, appliquait la règle contraire suivant laquelle : « la femme ne peut s'obliger sans le consentement et l'autorisation expresse de son mari » (1). Sauf cette exception, il était permis à la femme mariée, qu'elle fût séparée ou non, de disposer librement de toute une catégorie de ses biens.

Ce rapide aperçu de l'ancien droit nous montre qu'il n'était pas impossible, tout en maintenant le principe de l'incapacité de la femme durant le mariage, d'apporter à cette règle quelques adoucissements. On voit également que les dispositions de notre ancien droit relatives à cette matière ne sont point inspirées par la pensée de soustraire la femme aux dangers et aux abus de la puissance maritale après la séparation de corps.

La situation juridique de la femme séparée était sous l'empire du Code civil peu différente de ce qu'elle était dans le dernier état de l'ancien droit. La loi de 1893, suivant une évolution inverse de celle suivie par la législation coutumière, rend à la femme séparée la si-

______

(1) Bretonnier. Rapporté par Merlin, *Répertoire*, V° *Aut. maritale*, *loc. cit.*

tuation qu'elle occupait à l'époque de Dumoulin : *facta separatione mulier non est amplius in potestate mariti.*

B. — Argument en faveur de la réforme tiré des législations étrangères.

Un des arguments les plus puissants produit au cours de la discussion de la loi du 6 février 1893 par les partisans du principe de la capacité de la femme séparée de corps, a consisté à invoquer le témoignage et l'exemple des législations étrangères favorables à l'extension des droits de la femme. On a dit que le législateur français pouvait sans crainte s'engager dans une voie où d'autres l'avaient précédé, et accomplir une réforme qui, dans d'autres pays, avait produit les meilleurs résultats.

Nous allons rapidement passer en revue les réformes accomplies au point de vue qui nous occupe, par les peuples étrangers. Nous laisserons de côté les législations qui n'ont point encore osé porter atteinte à l'incapacité de la femme pour nous consacrer exclusivement à l'étude de celles qui ont donné à la femme mariée, séparée ou non, une liberté et une capacité plus grandes que celles que notre Code civil accordait à la femme séparée de corps.

Les législations étrangères que nous nous proposons d'étudier peuvent être classées en deux catégories : les unes, sans enlever totalement à la femme mariée la capacité dont elle jouissait avant le mariage, ne la lui laissent cependant pas dans sa plénitude et ne la lui accordent que sous certaines distinctions ; les autres, au contraire, lui donnent une liberté absolue de disposer de ses biens. Nous les exposerons dans cet ordre.

D'après le Code civil italien de 1865, la femme ne peut en principe, donner, aliéner ses immeubles ni les hypothéquer, contracter des emprunts, céder ou recouvrer des capitaux, se rendre caution, ni transiger, ni ester en justice relativement à ses actes, sans l'autorisation maritale.

Mais, le mari a la faculté de l'habiliter aux actes en question par une autorisation générale ou à quelques-uns d'entre eux par une autorisation spéciale. Cette autorisation est toujours révocable (art. 134). C'est un système contraire à celui qui a prévalu dans notre droit où une autorisation de ce genre, même stipulée dans le contrat de mariage, n'est valable que pour l'administration des biens de la femme.

Si le mari est mineur, interdit, absent, ou s'il a été condamné à plus d'un an de prison, pendant la durée de sa peine, la femme n'a pas besoin d'être autorisée (art. 135). Dans deux autres cas, l'autorisation maritale n'est pas requise : lorsque la femme est légalement séparée par la faute du mari; lorsqu'elle fait un commerce pour son compte personnel. Dans cette dernière hypothèse, non seulement elle peut accomplir tous actes et passer tous contrats concernant son commerce, mais elle peut soutenir tous les procès qui y sont relatifs.

L'autorisation de justice remplace celle du **mari** quand celui-ci refuse d'autoriser la femme, lorsqu'il y a opposition d'intérêts entre les deux époux ou si la femme est légalement séparée par sa faute propre ou par la sienne et celle du mari (art. 136).

La nullité dérivant du défaut d'autorisation ne peut être opposée que par le mari, par la femme, par ses héritiers ou ayants cause (art. 137) (1). Chez nous, les héritiers du mari ont le droit d'en exciper.

Ajoutons qu'une loi du 27 mai 1875 a conféré à la femme mariée le droit de prendre un livret à la caisse d'épargne sans le concours de son mari, et de le retirer à moins d'opposition de ce dernier.

En Espagne, c'est le nouveau Code civil en vigueur depuis le 1er mai 1889 qui a réglementé les divers régimes matrimoniaux et la capacité civile de la femme mariée.

Les articles 50 et 60 investissent le mari du droit d'administrer, sauf stipulations contraires, les biens de la société conjugale, et de représenter la femme. Celle-ci ne peut, sans l'autorisation maritale, comparaître en justice, soit personnellement, soit par mandataire. Toutefois, cette autorisation ne lui est pas nécessaire pour défendre dans un procès criminel ou pour agir comme demanderesse ou défenderesse, concurremment avec son mari, ou après y avoir été autorisée conformé-

______

(1) Huc et Orsier, *Traduction du Code civil italien*, II.

ment à l'article 1995 de la loi de procédure civile. Toute
acquisition à titre onéreux ou lucratif, toute aliénation
de ses biens, si ce n'est dans les cas et dans les limites
établis par la loi, sont interdites à la femme sans l'autorisation de son mari. Les actes accomplis contrairement à ces dispositions sont nuls, et la nullité résultant
du défaut d'autorisation du mari ou de justice, ne peut
être demandée que par lui-même ou ses héritiers.

Aux termes de l'article 73, si la séparation a été prononcée contre la femme, le mari conserve l'administration des biens de la femme et celle-ci n'a plus droit
qu'à des aliments. Dans le cas contraire, on procède au
partage des biens, et le mari perd l'administration des
biens de la femme. Cette législation restreint dans des
limites très étroites, la capacité de la femme séparée ou
non ; en effet, quand la séparation a été prononcée au
profit de la femme, celle-ci ne peut aliéner ni engager
pendant le mariage les immeubles qui lui sont attribués
par suite de la séparation, ni ceux dont l'administration
lui est remise ; elle doit, à cet effet, obtenir l'autorisation du tribunal qui, comme en Italie, est principale et
non subsidiaire à celle du mari (art. 1444) (1).

(1) V. Code civil espagnol promulgué le 24 juillet 1889, Traduct.
Levé.

Au titre de la séparation de corps.

Art. 73. — Le jugement de séparation produira les effets suivants... 4° Le partage des biens de la société conjugale et la perte
de l'administration des biens de la femme, dans le cas où le mari
l'aurait, et où c'est lui qui a fourni sa cause à la séparation ; 5° la
conservation de l'administration des biens de la femme au profit du

Avec une législation civile distincte par canton, la Suisse applique aux pouvoirs du mari sur les biens de la femme, et à la capacité civile de cette dernière des règles multiples et variées. En général la femme ne jouit que d'une capacité limitée. Cependant, quelques lois cantonales donnent à la femme des droits plus étendus que ceux que notre loi lui accorde. Nous citerons les lois des cantons de Glaris et de Lucerne.

Le Code civil du canton de Glaris, voté en 1870 par la Landsgemeinde, dispose que le mari est de plein droit le tuteur de sa femme. En cette qualité, il administre les biens qu'elle a apportés en mariage, ou qui lui sont échus pendant sa durée. Il en dispose sans réserves et pour tout ce qui concerne cette admini stration, il la représente vis-à-vis des tiers. De plus, il a l'usufruit de la fortune et des gains de sa femme.

Toutefois les propres des femmes sont soustraits à la tutelle et à l'usufruit de leurs maris. On considère

---

mari innocent, la femme n'ayant plus droit qu'à des aliments.

Au titre de la séparation de biens.

ART. 1444. — La femme ne pourra aliéner, ni engager pendant le mariage sans autorisation judiciaire les immeubles qui lui sont attribués par suite de la séparation, ni ceux dont l'administration lui est remise. L'autorisation sera accordée toutes les fois qu'on démontrera l'avantage ou la nécessité de l'aliénation. Lorsqu'il s'agira de fonds publics, d'intérêts dans des entreprises ou sociétés commerciales, dont on ne peut retarder la vente sans un préjudice grave et imminent pour la fortune administrée, la femme pourra les vendre par le ministère d'un agent de change ou d'un courtier, en consignant judiciairement le prix jusqu'à ce qu'on ait obtenu l'approbation du juge au tribunal compétent.

comme propres, les vêtements, bijoux et objets mobiliers à leur usage exclusif, les épargnes qu'elles avaient au moment du mariage, et les présents qui leur ont été faits par des tiers. La femme a l'administration et la jouissance de ces biens. Elle peut en disposer librement.

Abstraction faite du droit de disposition sur leurs propres, les femmes ne peuvent faire pendant le mariage aucun acte juridique, vente, achat ou engagement sans l'autorisation maritale.

Lors de la cessation de la tutelle maritale à la dissolution du mariage, le mari est tenu de restituer à la femme le montant intégral de sa fortune.

La loi fédérale de 1874 a établi le divorce dans toute la confédération et n'a laissé subsister que la séparation temporaire (1) ; en cas de séparation de corps, dans le canton de Glaris, l'usufruit du mari cesse, et la femme est placée sous la tutelle de l'autorité cantonale.

A Lucerne, c'est une loi du 16 novembre 1880 (2) qui a réglementé la puissance maritale. Cette loi confère au mari des droits analogues à ceux que le Code du canton de Glaris lui accorde. Sont exclus de la puissance maritale et restent à la libre disposition de la femme

---

(1) Glasson, *Le mariage civil et le divorce*, p. 159. *Annuaire de législat. étrang.* ; C. civ. du canton de Glaris, 1875, p. 517, art. 48, 172 et suiv.

(2) *Annuaire de législat. étrang.*, 1881, p. 486.

les biens réservés, savoir : les objets mobiliers dont il
a été question dans la loi du canton de Glaris, les gains
provenant d'un commerce qu'elle fait pour son propre
compte, et une partie de sa fortune qui ne peut dépasser le tiers dont elle a gardé le droit de disposer en
vertu d'un contrat antérieur au mariage.

En cas de séparation de corps, le mari peut garder
la puissance maritale. C'est le conseil de la commune
d'origine qui est appelé à le déclarer déchu de ses
droits, sur la fortune de la femme. Ce conseil examine ensuite s'il y a lieu de donner un tuteur à la
femme, ou de la laisser à la tête de sa fortune. Et c'est
l'autorité tutélaire qui décide et prononce la mise en
tutelle de la femme. Si la femme est maintenue à la
tête de sa fortune, les pouvoirs du mari prennent fin,
la femme devient majeure, et jouit de l'administration
et de l'usufruit de son patrimoine. Mais elle ne peut
disposer de ses biens qu'avec l'autorisation du conseil
de la commune ou de l'autorité tutélaire.

Une loi du canton de Genève du 18 août 1886 déroge
sur un point intéressant aux principes de notre Code
qui est généralement admis dans ce pays. La femme,
chez nous, peut s'obliger au profit de son mari, sans
l'autorisation de justice. A Genève, en pareil cas, elle
est tenue de demander au procureur général la nomi-
nation de deux conseillers qui, après avoir prêté ser-
ment, examinent l'affaire projetée et donnent ou refu-
sent leur assentiment.

Dans le même canton, une loi du 7 novembre 1894 attribue aux femmes mariées des avantages importants qui améliorent leur situation d'une manière notable. Elles ont sur le produit de leur travail personnel, pendant le mariage, et sur les acquisitions provenant de leurs gains, les mêmes droits que les femmes séparées de biens. A la dissolution du mariage, le mari ou ses héritiers pourront exiger que les biens personnels de la femme acquis conformément à la disposition de la loi, soient rapportés à la communauté. Si la femme ou ses héritiers renoncent à la communauté, ils ne sont pas soumis à cette obligation.

Signalons encore une loi du canton de Bâle Ville du 16 octobre 1876 qui a aboli la tutelle générale des femmes. Aux termes de cette loi, en cas de faillite du mari, ou en cas de séparation temporaire, la femme est mise sous tutelle. Cependant, la Chambre des tutelles peut, avec l'assentiment de leurs maris, autoriser certaines catégories de femmes à faire un commerce ou à exercer un métier. En cas d'absence ou d'aliénation mentale des maris, cette chambre a même le droit de donner l'autorisation sans leur consentement, après avoir demandé l'avis des tuteurs et des plus proches parents. Cette autorisation confère à la femme une capacité personnelle entière pour tous les actes relatifs à son commerce ou à son métier (1).

____

(1) V. loi du 16 octobre 1876 sur la majorité en général et sur la capacité des femmes. *Annuaire de législation étrangère*, 1877, p. 570.

La Suède, le Danemark, la Norvège, la Finlande, où la communauté est d'une application fréquente, n'ont pas hésité à admettre certains correctifs aux abus du pouvoir marital et à améliorer la situation de la femme.

En Suède, aux termes d'une loi du 11 décembre 1874, la femme peut dorénavant conserver l'administration de ses propres biens pendant le mariage. Il en est ainsi chez nous sous le régime de la séparation de biens contractuel ou judiciaire. Mais en Suède, la femme peut en outre ester librement en justice pour tout ce qui concerne les biens dont s'agit. Chez nous au contraire, elle a besoin de l'autorisation de son mari ou de justice.

En cas de séparation de corps, nous retrouvons la distinction admise par les législations italienne et espagnole. Si la séparation est prononcée contre le mari, la fortune et les enfants restent aux mains de la femme, à moins que celle-ci ne soit incapable d'administrer les biens et d'élever les enfants. Si, au contraire, la séparation est prononcée contre la femme, celle-ci n'a droit qu'à une pension et seulement quand elle ne peut subvenir à ses dépenses par son travail. Si les torts sont réciproques, les biens et les enfants sont confiés au plus capable des époux, et l'autre n'a droit qu'à une pension s'il est dans le besoin ; s'il y a doute, le mari est préféré (1).

En Danemark, où le régime de la communauté est le

______

(1) Glasson, *Le mariage civil et le divorce*, p. 219.

droit commun, la loi du 7 mai 1880 a considérablement amélioré la situation de la femme en lui permettant « de disposer entre-vifs des produits de son industrie personnelle sans le consentement de son mari ni d'aucun tuteur, lorsque cette industrie n'est pas alimentée ou entretenue en majeure partie des deniers du mari ou de la communauté » (1).

La Norvège devait quelques années plus tard, par la loi du 29 juin 1888, sur le régime des biens entre époux, accorder à la femme mariée les mêmes avantages (art. 31). Cette même loi dispose que la femme mariée a la même capacité que la femme non mariée, et peut disposer de ses biens, sauf quelques restrictions (2).

En Finlande, une loi du 15 avril 1889, sur le régime des biens et des dettes entre époux, dispose dans le chapitre II, article III, que la femme a la disposition de tout ce qu'elle peut acquérir par son travail personnel. Elle peut s'attribuer, par contrat, le droit de disposer de ses propres meubles et immeubles. Cette stipulation vaudra même pour les fruits.

En Allemagne, l'esprit général de la législation est également d'étendre, d'augmenter dans une très large mesure la capacité de la femme mariée et d'accorder par suite à la femme séparée presque les mêmes droits, les mêmes libertés qu'à la femme divorcée.

Le nouveau Code civil allemand consacre une exten-

(1) *Annuaire de législation étrangère*, 1881, p. 533.
(2) *Annuaire de législation étrangère*, 1889, p. 766.

sion considérable des droits de la femme mariée. Les idées féministes ont pénétré profondément toute cette partie du Code. La femme a le droit et le devoir de diriger le ménage commun (art. 1356), elle n'est frappée d'aucune incapacité spéciale résultant du mariage. Si le mari a la décision dans toutes les affaires intéressant la vie commune (art. 1354), s'il peut restreindre la capacité de la femme, quant à la gestion du ménage (art. 1357), s'il peut dénoncer les obligations contractées par la femme et aboutissant à une prestation qu'elle doit faire en personne (art. 1358), en cas d'abus, son pouvoir est contrôlé, même supprimé par le tribunal de tutelle. C'est là un résultat nécessaire de l'indépendance entre les conjoints. Le tribunal de tutelle intervient à chaque instant pour trancher les différends ou arrêter les conflits.

Veut-on se rendre compte exactement des droits de la femme, il faut rappeler que le régime légal quant aux biens (Ehelichesguterrecht) varie suivant la nature des biens de la femme.

Ces biens sont de deux catégories : 1° les biens réservés : ceux qui sont destinés à son usage personnel, ceux qu'elle acquiert par l'exercice d'une profession, d'un commerce ou d'une industrie, ceux qui sont réservés expressément, dans le contrat de mariage, dans un acte de dernière volonté ou de donation, les biens acquis par succession, legs, disposition à cause de mort ou donation, enfin les biens acquis en remploi de biens réservés (art. 1366 et sq.) ; 2° les autres biens dits biens apportés. Sous réserve d'une contribution aux charges du ménage, en cas d'insuffisance des revenus des biens apportés, et des dispositions précédentes, la femme a pleine capacité pour disposer des biens réservés. Les biens réservés sont soumis au régime de la séparation de biens (art. 1371). Le mari a la jouissance et l'administration des biens apportés ; mais pour engager les biens apportés ou en disposer, il doit obtenir l'assentiment de la femme (art. 1375 et sq.). De même la femme ne pourrait en disposer directement ou indirectement, sans la ratification du mari (art. 1395 et sq.), à moins d'absence, de maladie ..... (art. 1401). Et encore, l'obligation contractée par la femme sans l'assentiment du mari est susceptible d'une action *de in rem verso* sur les biens apportés (1).

Les restrictions apportées à la capacité de la femme disparaissent au cas de séparation de corps : *Lorsque la vie commune cesse en vertu de l'article 1575 (séparation de corps), les effets résultant du divorce se produisent (art. 1586). Lorsque la vie commune a été rétablie, les effets de sa cessation disparaissent et la séparation de biens règne désormais.*

----

(1) **V.** aussi les articles 1406 et sq. relativement à la faculté pour la femme d'accepter, de répudier une succession, un legs ou une donation, de faire un acte juridique contre son mari... sans autorisation.

V. sur tous ces points, *Code civil allemand et loi d'introduction*, par Raoul de la Grasserie, Paris, 1897.

L'avant-projet de Code civil belge préparé par M. Laurent reconnaît au mari et à la femme une capacité égale. En principe, l'incapacité de la femme mariée est supprimée. Toutefois, les conventions matrimoniales peuvent déroger à cette règle. Le régime matrimonial proposé par le projet comme régime légal, est la communauté universelle. Tout acte de disposition doit être fait du consentement des deux époux qui sont associés, communs en tous biens, et par conséquent ont en toutes choses des intérêts identiques. S'ils sont en désaccord, le tribunal intervient et autorise, s'il y a lieu, le demandeur à faire l'acte pour lequel il lui a été impossible d'obtenir le concours volontaire de son conjoint (1).

Le nouveau Code civil allemand et l'avant-projet de Code civil belge, en supprimant l'autorisation maritale et l'incapacité de la femme mariée, ne font que suivre l'exemple des législations portugaise, russe, anglaise et américaines qui, depuis quelques années déjà, ont opéré cette réforme.

C'est tout d'abord le Code portugais de 1867 qui a placé en principe la femme mariée sur le pied de l'égalité avec son mari. En cas de séparation de biens contractuelle, chaque époux garde la propriété de tous ses biens ; il en peut disposer librement, sauf une légère restriction concernant les biens mobiliers de la femme

(1) Laurent, *Avant-projet de Code civil belge*, I, sous les art. 211 et 212, p. 441 et 451. V. sous l'article 1452, p. 42 et suiv.

(art. 1127). Quant à la séparation de corps, elle entraîne nécessairement la séparation de biens, à moins
qu'elle n'ait été motivée par l'adultère de la femme,
auquel cas celle-ci n'a droit qu'à des aliments. Dans les
autres hypothèses, on procède à l'inventaire et au partage des biens comme si le mariage était dissous
(art. 1211). La femme reprend l'administration de ses
biens qui, tous, sauf les biens dotaux, sont désormais
considérés comme propres (art. 1223-1224) (1).

En Russie, la femme jouit d'une très grande indépendance en ce qui concerne la disposition de sa fortune.
Le régime matrimonial de droit commun, institué par
le Code russe ou Swod, est celui de la séparation de
biens absolue. Tout ce que la femme possède lors du
mariage, ou qu'elle acquiert depuis, lui reste propre ;
elle en a l'administration, la jouissance, elle peut aliéner et hypothéquer ses biens, sans que le consentement
du mari lui soit nécessaire. Ajoutons que la loi russe ne
connaît que le divorce : la séparation de corps n'existe
pas en Russie. Existerait-elle d'ailleurs, la capacité que
possède la femme n'en serait pas diminuée (2).

C'est l'Angleterre qui nous offre l'exemple le plus
remarquable de l'évolution de la femme vers la capacité pleine et entière pendant le mariage. Assez récemment encore, la personnalité de la femme y était complètement annihilée au profit de celle du mari. Elle ne

(1) Code civil portugais, traduit par Lepelletier.
(2) Lehr, *Elém. de droit civ. russe*, p. 41.

pouvait ester en justice, contracter soit avec son mari, soit même avec les tiers, disposer par testament. C'était l'incapacité complète. Il y avait cependant une exception pour les immeubles possédés comme fiefs à perpétuité : le mari en avait seulement la jouissance, et la femme pouvait les aliéner avec l'autorisation maritale et l'intervention de la justice (1).

Ce système était tellement rigoureux et inique que les cours d'équité, faisant en quelque sorte l'office du préteur romain, l'avaient de beaucoup tempéré dans ses applications. A l'aide de divers expédients, leur jurisprudence était arrivée à remédier à ses inconvénients, quoique d'une façon quelque peu imparfaite. Mais ces expédients n'étaient pas applicables en toutes circonstances. Aussi, cédant à l'opinion publique, le législateur promulgua, le 9 août 1870, une loi qui rendait la femme mariée indépendante quant aux bénéfices qu'elle pouvait retirer de l'exercice d'une profession quelconque, libérale, commerciale ou industrielle, ou bien de l'exploitation d'un talent littéraire, artistique ou scientifique. Cette loi lui laissait en outre l'administration et la jouissance de quelques-uns de ses biens. Cette tentative timide, ce premier pas fait prudemment dans la voie de l'émancipation de la femme produisit les meilleurs résultats, si bien que le législateur anglais,

---

(1) Pascaud, *De la capacité civile de la femme mariée, et de l'extention rationnelle qu'elle comporte; Revue générale du droit, de la législat. et de la jurispr.*, 1889, p. 499 et suiv.

d'habitude assez timoré et scrupuleux quand il s'agit de modifier un état de choses antérieur, n'hésita pas par une loi du 18 août 1882 à donner à la femme mariée le plein exercice de sa capacité civile. Désormais, elle peut acquérir et disposer par testament, à titre onéreux ou gratuit de tous ses biens meubles ou immeubles. Elle a le droit de s'obliger sur ses biens comme si elle n'était pas mariée, et sans aucune intervention. Elle a également le droit d'ester en justice sans le concours de son mari. En définitive, elle jouit d'une complète indépendance (1).

Dans ce mouvement vers l'émancipation féminine, l'Angleterre avait été précédée par l'Ecosse. Dans ce pays, dont la législation civile est distincte de celle de l'Angleterre, une loi du 18 juillet 1881 avait créé pour la femme mariée une situation présentant beaucoup d'analogie avec celle de la femme anglaise depuis 1882. Cette loi disposait que lorsque le mari aurait, à l'époque du mariage, son domicile en Ecosse, toute la fortune mobilière de la femme, acquise avant ou pendant son union, ne serait pas soumise au *jus mariti*. Les revenus de cette fortune seraient payables à la femme sur sa simple quittance ou à son ordre, et dans cette mesure le droit d'administration du mari serait supprimé. Néanmoins, celle-ci n'aurait pas le droit de céder ses

______

(1) Gide, *Condition privée de la femme*, p. 259 ; Weiss, *Traité de droit international privé*, 2ᵉ édit., p. 487. *Annuaire de législat. étrang.*, 1883, p. 329.

revenus futurs ni de disposer de sa fortune sans le consentement de son mari (1).

Enfin et surtout l'Angleterre, dans cette évolution concernant la femme mariée, n'a fait que suivre l'exemple que lui donnait l'Amérique. Depuis plusieurs années, quelques législations des grands États américains ont accordé à la femme une situation qui tend toujours à s'améliorer. Nous indiquerons seulement les plus récentes.

Dans l'État de New-York, les dernières lois qui règlent la capacité civile de la femme sont celles du 28 mai 1884 et du 30 avril 1890 (2). La femme mariée peut agir en justice comme si elle n'était pas mariée. Majeure de vingt et un ans, elle peut donner une procuration valable comme toute femme célibataire. Les contrats passés par une femme mariée sont soumis au droit commun. Elle oblige sa fortune personnelle même si l'engagement qu'elle a pris ne concerne pas son commerce ni ses propres.

Dans l'État de Kent, la femme est dans certains cas dispensée de l'autorisation maritale. Lorsqu'elle a été abandonnée par son mari, ou que celui-ci a quitté le pays, elle peut contracter et ester en justice comme si elle n'était pas mariée.

En Pensylvanie, une loi du 3 juin 1887, sur la capacité des femmes mariées, décide que la capacité est la

(1) *Annuaire de législat. étrang.*, 1882, p. 35.
(2) *Annuaire de législat. étrang.*, 1885, p. 774 ; 1891, p. 827.

règle ; l'autorisation du mari n'est exigée que dans certains cas déterminés ; lorsque la femme veut engager ou céder ses biens, endosser un billet ou servir de caution (1).

Nous mentionnerons enfin une loi de 1875 pour le Canada qui accorde à la femme mariée des droits très étendus. Elle peut contracter et ester en justice sans l'autorisation du mari ; ce dernier n'a plus aucun pouvoir d'administration (2).

Nous en avons terminé avec l'examen des législations étrangères. Comme on le voit, un mouvement puissant pousse les législateurs des différents pays à étendre les droits de la femme, et à consacrer l'égalité de celle-ci avec l'homme au point de vue civil. Notre loi de 1893 est restée loin encore des progrès réalisés par l'Angleterre et l'Amérique, car elle s'est bornée à améliorer la situation d'une catégorie particulièrement intéressante de femmes mariées.

(1) *Annuaire de législation étrang.*, 1888, p. 894.
(2) Nous citerons encore pour l'État de Vermont une loi de 1840 (*Bulletin législat. étrang.*, 1871, p. 13), pour l'Illinois une loi du 19 mars 1872 (*Annuaire de législat. étrang.*, 1873, p. 73), pour le Massachussets une loi du 29 mai 1884 et une loi du 5 avril 1889 (*Ann. législat. étrang.*, 1885, p. 785 ; 1890, p. 914).

DEUXIÈME PARTIE

DES EFFETS DU PRINCIPE DE PLEINE CAPACITÉ DE LA FEMME SÉPARÉE DE CORPS.

Observations préliminaires sur le texte du nouvel article 311, paragraphe 2. — Critiques de forme. — Critiques de fond.

L'article 3 de la loi du 6 février 1893, en ce qui concerne la capacité civile de la femme séparée de corps, dispose : « l'article 311 du Code civil est remplacé par les dispositions suivantes :...

ALIN. 2. — « *La séparation de corps entraine toujours la séparation de biens* (1).

ALIN. 3. — « *Elle a en outre pour effet de rendre à la femme le plein exercice de sa capacité civile sans qu'elle ait besoin de recourir à l'autorisation de son mari ou de justice.* »

Contre ce texte, différentes critiques ont été adressées par les auteurs qui ont commenté la loi nouvelle, tant au point de vue de la forme qu'au point de vue du fond. Nous allons les examiner successivement, en commençant par les critiques relatives à la forme.

____

(1) L'ancien article 311 se composait uniquement de cet alinéa.

A. — Critiques de forme.

Une première critique de forme a été soulevée par M. Thiénot, dans les termes suivants : « Quant à la forme sous laquelle l'idée d'appeler la femme séparée de corps à l'indépendance juridique a été consacrée dans la loi, elle n'est guère heureuse. On a maintenu l'ancienne disposition qui assimile, au point de vue des intérêts pécuniaires, la femme séparée de corps à la femme séparée de biens, laquelle ne jouit que d'une capacité des plus restreintes, et aussitôt dans un alinéa additionnel, on détruit cette analogie, en indiquant le nouveau régime réservé à la femme séparée de corps : celui de la pleine capacité.

« Voici le texte adopté :… Ce qui revient à dire, que la femme séparée de corps est assimilée à la femme séparée de biens comme par le passé, qu'elle ne peut donc faire aucun acte un peu important sans l'autorisation du mari ou de justice, mais avec cette différence toutefois qu'elle peut tout faire, même les actes les plus graves, sans autorisation (1). »

Il nous paraît, quant à nous, qu'il ne faut pas s'exagérer la gravité du vice de rédaction signalé par cet auteur ; en effet, si l'expression de la pensée du législateur n'est pas absolument claire, sa pensée elle-même est parfaitement nette. Le législateur a voulu dire que la

____

(1) Thiénot, *Revue critique*, 1893, p. 385. V. également Bonnet, avocat à la Cour de cassation, *J. du notariat*, mars et avril 1893.

séparation de corps entraînait désormais la division des patrimoines des époux, qu'elle enlevait au mari les droits de jouissance et d'administration qu'il pouvait avoir sur la fortune de sa femme, et qu'elle rendait à celle-ci son entière capacité. Par conséquent, l'on peut concéder que les rédacteurs de la loi auraient pu exprimer leur pensée d'une façon plus satisfaisante ; mais la rédaction défectueuse du texte n'est pas de nature à soulever la moindre difficulté sur son interprétation.

Une seconde critique de forme vise la place que le législateur a donnée dans le Code à la règle qu'il édictait. Du moment que cette règle, a-t-on dit, est une règle de capacité, ce n'est pas sous l'article 311 que le législateur aurait dû la placer, mais sous l'article 1449.

Nous ne croyons pas que cette critique soit bien fondée. Dans les articles 1449, 1450, 1451, le Code indique simplement la capacité de la femme séparée soit de corps et de biens, soit de biens seulement, relativement à son patrimoine, au lieu que dans les articles 306 à 311, il énonce les effets généraux de la séparation de corps.

Or, la restitution à la femme séparée de corps du plein exercice de sa capacité civile est bien, comme nous allons avoir occasion de le voir, un effet général de la séparation, puisque cette capacité ne s'arrête pas aux actes ayant trait à la gestion de sa fortune, mais s'étend aux actes intéressant, d'une façon plus ou moins directe, la personne. Pour critiquer la place occupée

par le nouveau texte, il faudrait qu'on prouvât d'abord
que la capacité de la femme séparée de corps n'existe
qu'eu égard à son patrimoine, et que la règle de l'article 311 est d'ordre purement pécuniaire ; mais cela
nous semble inadmissible.

Sous le bénéfice de cette observation, on doit convenir que le législateur aurait dû mettre l'article 1449 en
harmonie avec le nouvel article 311. « La femme séparée soit de corps et de biens, soit de biens seulement,
dit l'article 1449, en reprend la libre administration. »
Ce texte, n'ayant pas été modifié, est aujourd'hui en
contradiction avec l'article 311, puisqu'il limite la capacité de la femme séparée de corps aux actes d'administration, tandis que l'article 311 reconnaît à la femme
séparée de corps, une entière capacité.

B. — Critiques de fond.

M. Surville a reproché aux législateurs de 1893 d'a-
voir maintenu la connexité établie par le Code civil
entre la séparation de corps et la séparation de biens.
« Cette disposition de la loi, a dit M. Surville, me paraît
avoir un double inconvénient. D'abord elle déroute,
peut-on dire, les règles relatives à la séparation de
biens. En se reportant, en effet, à l'article 1443 du Code
civil, on voit que cette séparation nous y apparaît
comme étant une protection accordée à la femme et que
le mari ne peut demander la séparation de biens. Cependant étant donné que la séparation de corps entraîne

la séparation de biens, par voie de conséquence forcée,
le mari, s'il le désire, pourra provoquer une séparation
de cette nature en plaidant en séparation de corps
contre sa femme. Il y a là une confusion d'intérêts de
nature très différente ; il y a confusion des intérêts moraux et des intérêts pécuniaires. Il arrive trop souvent
en effet, qu'en plaidant en séparation de corps, c'est la
séparation de biens qui est le véritable but que l'on veut
atteindre. A mon sens, il aurait été préférable d'autoriser simplement les tribunaux à prononcer la séparation
de biens, accessoirement à une séparation de corps,
lorsque les circonstances la font considérer comme
désirable, sans en faire, comme l'article 311, une conséquence fatale de la séparation de corps. Mais telle
n'est pas la décision de notre loi (1). »

A notre avis, ce grief, alors même qu'il serait fondé,
serait de minime importance. Peu de maris auront la
pensée de recourir à la séparation de corps pour arriver à la séparation de biens. Ceux-là mêmes qui seront
le plus désireux de faire cesser toute confusion entre
leur patrimoine et celui de leur femme, reculeront devant le scandale d'une instance en séparation de corps.
Y en aurait-il d'ailleurs beaucoup qui auraient assez
d'influence sur leur femme pour la décider à garder le
silence et à avouer des torts imaginaires ? Au surplus,
les tribunaux ne sont pas tenus de s'en rapporter aux

____

(1) Surville, *Revue critique*, 1895, p. 226.

déclarations des époux, et, pour se renseigner, ils disposent de moyens d'investigation spéciaux, tels que enquêtes de police, interrogatoires sur faits et articles, etc. Et puis d'ailleurs, le mari qui veut arriver à la séparation de biens n'a-t-il pas à sa disposition cet autre moyen plus simple à la fois et plus sûr, qui consistera, après avoir obtenu que sa femme se décide à demander contre lui la séparation de biens, à simuler des pertes d'argent considérables ?

Pour réprimer cette fraude qui consiste à plaider en séparation de corps, pour obtenir indirectement, d'une manière détournée, une séparation de biens qui eût échoué par voie de demande principale, que propose M. Surville? De permettre aux tribunaux de laisser survivre la communauté d'intérêts à la communauté d'existence, et de maintenir la confusion des fortunes après avoir prononcé la séparation des personnes. C'est une étrange conception dont les applications eussent été particulièrement difficiles. Si la femme apporte une dot à son mari, celui-ci en échange est tenu de subvenir à ses besoins matériels, conformément aux ressources de la famille ; tant que dure la vie commune, cette clause virtuellement contenue dans le contrat de mariage est exécutée. Si les revenus sont considérables, le ménage vit largement ; s'ils diminuent, le bien-être de la famille et de la femme diminue en même temps. Mais, après la séparation, comment maintenir cet équilibre ? Il suffira alors, dira-t-on, de réduire la femme à une simple pension alimentaire. Nous répondons que cette solution eût présenté le grave inconvénient de pousser certaines femmes au divorce. Nous ajoutons que, pour que l'obligation imposée au mari de subvenir aux besoins de la femme continuât à être exécutée, la pension aurait dû nécessairement varier, suivant les ressources de la communauté, et son chiffre aurait dû à tout instant être modifié par la justice.

Enfin, ne peut-on pas se demander si les tribunaux auraient usé de cette faculté de prononcer la séparation de corps, sans prononcer la séparation de biens. Il semble bien que non. En effet, de deux choses l'une : ou bien les faits articulés à l'appui de la demande en séparation de corps ne leur eussent pas paru suffisamment démontrés, et alors ils eussent rejeté la demande, — ou bien les faits articulés leur eussent paru prouvés et, dans ce cas, ils n'eussent pas hésité à prononcer la séparation de biens, en même temps que la séparation de corps.

Par ces raisons, nous considérons que le système préconisé par M. Surville, s'il eût été adopté par la loi, fût resté sans résultats pratiques. et nous n'hésitons pas à penser que la loi de 1893 a bien fait de maintenir la connexité entre la séparation de corps et la séparation de biens. La séparation de corps prononcée, c'est-à-dire, la dissolution de la société conjugale consommée, il est logique, autant qu'utile, de mettre fin à la confusion des intérêts pécuniaires qui n'est en somme qu'une conséquence nécessaire de la société des personnes.

En revanche, nous estimons qu'on est en droit de reprocher au législateur de 1893 de ne pas avoir saisi l'occasion qui s'offrait à lui de trancher une question qui depuis longtemps est très controversée. La séparation de biens qui résulte du jugement de séparation de corps, a-t-elle. comme la séparation de biens demandée par voie principale, un effet rétroactif au jour de la demande ?

Les auteurs du projet de 1816 avaient été plus prévoyants. En effet, ils avaient formulé un texte, l'article 24, en vertu duquel la séparation de biens accessoire était toujours dénuée d'effet rétroactif.

La controverse qui existait sous l'empire du Code civil va donc subsister.

Trois opinions se sont produites.

Un premier système se prononce dans le sens de la rétroactivité. S'il est vrai, dit-on, que l'article 1445 du Code civil n'attache expressément l'effet rétroactif qu'au « *jugement qui prononce la séparation de biens* », on peut dire que le jugement qui prononce la séparation de corps, prononce en même temps, au moins implicitement, la séparation de biens. Quant aux motifs qui ont déterminé le législateur à faire remonter la séparation de biens au jour de la demande, ils existent également, au moins en grande partie, dans le cas de séparation de corps. Le législateur a voulu que l'époux demandeur n'ait pas à souffrir des dilapidations qui pourraient être

commises pendant l'instance par l'époux défendeur ;
or, ces dilapidations sont peut-être plus à craindre encore durant l'instance en séparation de corps qu'à
la suite d'une demande en séparation de biens ; elles
seront alors inspirées non seulement par l'intérêt personnel, mais encore par la haine que des débats irri-
tants contribueront à exaspérer. On peut même ajouter
qu'en cas de séparation de corps, il y a un motif de plus
pour que la séparation de biens remonte au jour de la
demande : c'est que dès ce jour, souvent même dès
avant ce jour, la vie commune est rompue, la femme a
été autorisée à quitter le domicile conjugal, et le jugement qui intervient ensuite, ne fait la plupart du temps
que consacrer et légaliser une situation qui existe dès
avant le commencement du procès (1).

Un second système fait la distinction suivante. Il
admet la rétroactivité dans les rapports des époux entre
eux, mais non à l'égard des tiers. Il y a, dit-on, à faire
cette distinction, une raison décisive : c'est que la demande en séparation de corps n'est pas publiée ; les
tiers sont donc réputés ne pas la connaître. Une autre
raison, ajoute-t-on, ressort de l'article 243 du Code
civil, aux termes duquel « toute obligation contractée
par le mari à la charge de la communauté, toute aliénation par lui faite des immeubles qui en dépendent,

<hr>

(1) Merlin, *Répert.*, V° *Séparat. de corps*, § 4, n° 4 ; Troplong, *Contrat de mariage*, I, n° 1386.— Besançon, 15 février 1864, S. 64.2.132 ;
Paris, 27 décembre 1860, S. 61.2.163 et 18 juin 1855, S. 56.2.69.

postérieurement à la date de l'ordonnance dont il est fait mention en l'article 235 (ordonnance permettant à l'époux demandeur en divorce de citer son conjoint devant le juge comme conciliateur) sera déclarée nulle s'il est prouvé d'ailleurs qu'elle a été faite ou contractée en fraude des droits de la femme ». L'article 307, modifié par la loi du 18 avril 1886, rend l'article 243 applicable au cas de séparation de corps. Les actes faits par le mari pendant l'instance en séparation de corps étant ainsi régis à l'égard des tiers par l'article 243, l'application de l'article 1445 est par là même écartée. Ce système a été consacré par de nombreuses décisions judiciaires (1).

Le troisième système nous paraît devoir être suivi de préférence. Nous croyons que la séparation de biens, conséquence de la séparation de corps, n'a jamais d'effet rétroactif. La rétroactivité doit avoir lieu à l'égard de tous, ou ne pas exister. L'article 1445 est général, il ne distingue pas entre les tiers et les époux. D'ailleurs, comme le remarque M. Demolombe, la rétroactivité ne pourrait alors atteindre son but, c'est-à-dire protéger efficacement les intérêts de la femme, car elle permettrait au mari de lui nuire par ses arrangements avec les tiers (2).

(1) Aubry et Rau, V, § 494, texte et notes 18 et 19 ; Massol, *De la séparation de corps*, 2e édit., p. 282 et suiv. ; Dutruc, *Traité de la séparat. de biens*, n° 283.— Paris, 12 janvier 1882, S. 82.2.115 ; Lyon, 16 juillet 1881, S. 82.2.137 ; Cass., 18 juin 1877, S. 77. 1. 406 ; Bordeaux, 28 mai 1873, S. 73.2.291 ; Cass., 12 mars 1872, S. 72. 1. 74.

(2) Demolombe, *Du mariage*, t. II, n° 514.

L'article 1445 du Code civil n'est ap plicable à notre avis qu'à la demande principale en sép aration de biens. Il n'est ni dans son texte, ni dans ses motifs applicable à la séparation de biens, résultant de la séparation de corps. Voici notamment comment s'exprime M. Laurent : « L'article 1445 porte : *le jugement* qui prononce *la séparation de biens* remonte au jour de la demande. Est-ce qu'en matière de séparation de corps, il y a un jugement qui prononce la séparation de biens ? Non, tel n'est pas l'objet de la demande, et telle n'est pas la sentence du juge ! L'époux demande à être séparé de corps de son conjoint, et le juge prononce cette séparation... Pourquoi donc y a-t-il séparation de biens lorsque le juge sépare les époux de corps ? C'est la loi qui décide ainsi, parce que la communauté de biens suppose la vie commune. Quand la vie commune cesse, la communauté doit cesser aussi... L'esprit de la loi est aussi clair que le texte. Pourquoi le jugement qui prononce la séparation de biens rétroagit-il ? Pour garantir la dot et les reprises de la femme. Or, la séparation de corps n'est pas prononcée à raison des intérêts pécuniaires de la femme. Donc il n'y a aucune raison de faire rétroagir la séparation de biens qui en résulte par voie de conséquence (1). »

(1) Laurent, t. 22, n° 338. V. Demolombe, *Mariage*, t. 2, n° 514 ; Guillouard, *Traité du contrat de mariage*, n° 1174 ; Colmet de Santerre, t. VI, n° 95 *bis*, III ; Marcadé, sur l'art. 311, IV ; Rodière et Pont, *Contrat de mariage*, III, n° 2179,

Au surplus, si les circonstances le commandent, et si le désordre des affaires du mari lui inspire des inquiétudes pour ses intérêts, la femme pourra toujours, pour obtenir la rétroactivité, intenter une demande en séparation de biens, parallèlement à l'instance en séparation de corps (1).

Ces raisons font que nous persistons à penser, contrairement à la jurisprudence, que la séparation de biens résultant d'un jugement de séparation de corps n'a aucun effet rétroactif, ni à l'égard des tiers, ni même dans les rapports des époux entre eux.

Si l'on peut reprocher au législateur de 1893 de n'avoir pas saisi l'occasion qui lui était offerte de trancher la controverse que nous venons de signaler, au moins peut-on s'expliquer son abstention par ce motif que cette question, en admettant qu'il y eût songé, ne pouvait avoir pour lui qu'un intérêt secondaire ; toute son attention s'est dirigée, s'est concentrée sur le principe de la capacité de la femme séparée de corps. Or, si l'on s'attache exclusivement à ce qui constituait l'intérêt capital de la réforme, on doit reconnaître qu'il est regrettable que le législateur de 1893 n'ait pas cru devoir donner à sa pensée les développements qu'elle comportait, et qu'il soit resté muet sur les conséquences du principe nouveau qu'il posait. Il s'est contenté d'insérer dans la loi le principe de la capacité de la femme sépa-

---

(1) Dalloz, *Répert. alph. suppl.,* V° *Contrat de mariage,* n° 617.

rée de corps ; c'est à cela que s'est bornée son intervention. En vain, chercherait-on à découvrir dans le texte quelque phrase relative aux effets du nouveau principe. Les travaux préparatoires ne fournissent que de très vagues indications. Les débats ont surtout porté sur les avantages et les inconvénients de la réforme, sur la question de savoir s'il convenait de rendre en toutes circonstances, ou dans certains cas seulement, la pleine capacité à la femme séparée de corps. Quelques affirmations, émises au cours de la discussion, constituent à elles seules la part prise par le législateur à la solution des questions que soulève la réforme. C'est donc à l'interprète qu'incombe le soin de définir les effets, de délimiter les applications du principe, et de trancher les controverses soulevées par l'absence de texte.

Il est un premier point sur lequel il eût été désirable que le législateur s'expliquât dans la loi même, nous voulons parler de l'influence du régime dotal sur la capacité civile de la femme séparée de corps. Aucun doute ne peut exister sur la survivance des clauses de dotalité à la séparation de corps, mais l'embarras naît quand il s'agit de déterminer exactement quelles sont les clauses de dotalité et si, telle clause en particulier qu'on rencontre dans la partie du Code civil qui a trait au régime dotal, malgré la place qu'elle occupe, n'est pas une conséquence du principe de l'incapacité de la femme mariée, plutôt qu'une conséquence du principe de l'incapacité de la femme dotale.

Dans les rapports juridiques des époux séparés de corps, quelles sont les conséquences du principe nouveau de la capacité civile de la femme? Sur ce point encore, la loi est muette.

Le régime de séparation de biens est-il le seul sous lequel puissent être placés les époux réconciliés? Ou bien peuvent-ils, à leur choix, pour l'avenir, soit accepter le régime de la séparation de biens, soit rétablir le régime matrimonial que la séparation de corps et de biens avait modifié? C'est encore un point sur lequel le législateur a négligé de s'expliquer.

Mais, le législateur a laissé dans le doute un point bien autrement important. A-t-il voulu donner au texte de l'article 311 la portée la plus étendue et soustraire la femme à l'autorité maritale pour tous les actes intéressant soit sa personne, soit ses biens ; a-t-il voulu au contraire que, pleinement capable dans le domaine des intérêts matériels, la femme restât placée sous la tutelle de son mari, dans le domaine des intérêts moraux ?

Si l'on examine les travaux préparatoires, on voit que dans l'esprit de quelques orateurs, la capacité de la femme séparée semble devoir être réduite aux actes relatifs aux biens.

M. Naquet, avant de se rallier à l'amendement Pâris, avait proposé la rédaction suivante : « La séparation de corps aura pour effet de supprimer l'autorité maritale, et de faire rentrer la femme dans le plein exercice de sa capacité civile *à l'égard de ses biens* (1). » M. Pâris, dans la séance du 18 janvier 1887, développant son amendement, semblait croire que la capacité qu'il s'agissait de rendre à la femme séparée de corps ne devait avoir trait qu'à ses biens personnels (2). Et M. Allou, combattant le système du Conseil d'État, déclarait dans la même séance : «..... Le Conseil d'État a rendu à la femme séparée la capacité entière et complète au point de vue de ses biens (3). »

Il semble bien résulter de ces expressions, que leurs auteurs n'ont pas voulu étendre la réforme aux actes intéressant la personne de la femme, ou plutôt que leur attention n'a été attirée que sur les actes intéressant le patrimoine de celle-ci. Nous croyons, en effet, qu'un côté spécial de la question leur a échappé, et qu'il n'y a pas eu de leur part une volonté bien arrêtée d'exclure les actes relatifs à la personne. S'il en était autrement, la discussion eût été plus nette, plus précise. Les orateurs que nous venons de citer eussent formellement déclaré qu'ils refusaient à la femme l'entière liberté de diriger sa personne à son gré. Or, on ne trouve rien en ce sens dans les travaux préparatoires. Tout au contraire, à côté des opinions précédentes, en apparence restrictives, on rencontre, dans la bouche des partisans les plus autorisés de la réforme, les expressions les plus

(1) *J. Off.*, Sénat, *Déb. parlement.*, 18 janvier 1887, p. 21.
(2) *J. Off.*, Sénat, *Déb. parlement.*, 18 janvier 1887, p. 22.
(3) *J. Off.*, Sénat, *Déb. parlement.*, 18 janvier 1887, p. 16.

générales, incompatibles avec la moindre restriction.

C'est tout d'abord M. Flourens, qui, dans son rapport au Conseil d'État, s'exprime en ces termes : « Le Conseil d'État a donc adopté une addition à l'article 311 du Code civil dont le but serait, après avoir constaté que la séparation de corps continuerait à emporter toujours la séparation de biens, de décider qu'elle aurait en outre pour effet, de rendre à la femme le plein exercice de sa capacité civile, sans qu'elle ait besoin *en aucun cas* de recourir à l'autorisation de son mari ou de la justice (1). » Il est impossible de formuler une règle plus générale.

D'autre part, M. Léon Renault, devant le Sénat, pose la question en ces termes : « Vous n'avez à voter que sur une seule chose : pour les actes aujourd'hui soumis, même après la séparation, à la puissance maritale, et pour lesquels la femme séparée est dans la nécessité de demander l'autorisation de son mari, la femme continuera-t-elle à subir nécessairement une autorité, un contrôle, une domination qui ne correspondent plus à rien comme intérêt véritable et n'ont plus de fondement moral ? Ou, au contraire, la femme séparée pourra-t-elle librement à l'avenir jouir d'une capacité civile qui lui appartient aux termes des principes généraux du droit, avec laquelle est née, dont elle a acquis l'exercice le jour où elle a atteint sa majorité, qu'elle reprendra pleine et entière le jour de son veuvage, comme elle

(1) *J. Off.*, Sénat, *Doc. parlement.*, 1886, p. 378.

pourrait la reprendre le jour où elle ferait convertir sa séparation en divorce ? (1). »

Quelle sera donc l'étendue de cette capacité? Écoutons M. Griffe : « L'acceptation par le Sénat de la proposition de M. Bardoux établit dans notre législation un principe nouveau qui a besoin d'être réglementé. La femme qui a obtenu à son profit la séparation de corps *reprend la capacité absolue* qui lui appartenait avant son mariage et qui appartient à tout Français majeur. Mais, le mariage n'est pas dissous par la séparation de corps et la vie commune des époux peut renaître par la réconciliation. Que deviendra dans ce cas la capacité de la femme ?... (2). » Voilà qui condamne toute distinction entre la personne et les biens.

A la Chambre, le rapporteur de la loi, M. Arnault déclare : « En un mot, la personne de la femme est absolument affranchie sauf de l'obligation de fidélité. Pourquoi ses biens ne le seraient-ils pas, comme sa personne, dans la mesure où le permet le contrat de mariage ? Est-ce que la propriété, les biens, ne sont pas comme le prolongement de nous-même, comme notre reflet sur les choses ? » (3).

« La volonté évidente du législateur, conclut M. Cabouat, est donc d'affranchir la femme séparée de corps, de la puissance maritale, sous quelque aspect qu'elle

---

(1) *J. Off.*, Sénat, *Déb. parlement.*, 20 janvier 1887, p. 35.
(2) *J. Off.*, Sénat, *Déb. parlement.*, 25 janvier 1887, p. 50.
(3) *J. Off.*, Chambre, *Doc. parlement.*, 1887, p. 440.

puisse se présenter, et dans quelque domaine qu'elle ait à s'exercer pour la femme mariée non séparée. Ainsi dans l'avenir, la femme séparée de corps jouira d'une indépendance complète, non seulement, ce qui va de soi, pour les actes d'intérêt pécuniaire, mais aussi pour l'exercice des droits non appréciables en argent concernant la direction de la personne elle-même » (1).

Donc pas de distinction ! La personne devient libre comme les biens. Telle est la conclusion à laquelle nous conduisent le texte de la loi et les travaux préparatoires.

Étant donné que la séparation de corps relâche le lien conjugal sans le rompre, était-il logique de prononcer une suppression aussi absolue de l'autorité maritale ? Un démembrement de cette autorité eût été, croyons-nous, plus rationnel. « Il y a dans la suprématie du mari, dit M. Gide (2), deux éléments bien distincts : l'élément moral, et l'élément juridique. Que la femme doive être soumise à l'homme qui est tenu de la protéger, c'est là un principe de morale consacré par le consentement de tous les peuples, un de ces axiomes primordiaux qui sont au-dessus de toute attaque ; mais que la femme ne puisse faire un acte juridique sans l'autorisation formelle du mari, ce n'est plus là qu'un règlement de droit positif qui, loin d'être universellement admis, n'a jamais pu trouver place dans cette loi si sage et si complète qu'on l'a appelée la raison écrite. »

______

(1) Cabouat, *Explication de la loi*, p. 46.
(2) *Condition privée de la femme*, édit. Esmein, p. 468.

De ces principes si nettement posés, on aurait pu déduire les conséquences suivantes : 1o Sanction de l'autorité tout arbitraire et contingente du mari à l'égard du patrimoine de la femme, l'incapacité purement juridique établie par les articles 215 et suivants du Code civil, doit prendre fin avec la vie commune des époux, donc en cas de séparation de corps. 2o Conséquence nécessaire du mariage, l'autorité du mari sur la personne de la femme ne doit, au contraire, être atteinte que dans une faible mesure par la séparation de corps. Il suffit d'en modérer la rigueur par quelques tempéraments législatifs.

Nous connaissons la portée du nouveau principe. Il nous reste maintenant à l'examiner dans ses conséquences, ce que nous ferons dans trois chapitres. Dans le premier, nous nous occuperons des actes relatifs au patrimoine ; dans le second, des actes relatifs à la personne ; enfin, dans le troisième, nous traiterons d'une façon succincte des rapports juridiques des époux séparés de corps.

CHAPITRE PREMIER

ACTES RELATIFS AU PATRIMOINE.

Les divers actes qui intéressent la gestion du patrimoine, peuvent être rangés sous trois catégories différentes : 1° obligations ; 2° aliénations ; 3° actions en justice. Nous nous proposons pour chacune de ces catégories d'actes, d'étudier comparativement la situation qui était faite par le Code civil à la femme séparée de corps, et celle qui lui est faite par la loi nouvelle. Nous comparerons ainsi la situation actuelle de la femme séparée de corps avec celle de la femme séparée de biens que la loi nouvelle n'atteint pas ; ce sera le meilleur moyen de donner une idée exacte de la réforme.

Ce chapitre sera divisé en cinq paragraphes qui porteront les titres suivants :

§ 1. Obligations.

§ 2. Aliénations.

§ 3. Annulabilité des actes passés par la femme avant et après la séparation de corps.

§ 4. Actions en justice.

§ 5. Influence des conventions matrimoniales sur la capacité de la femme séparée de corps.

§ 1. — **Obligations**.

Actuellement, la femme séparée de corps jouit d'une façon absolue du droit de s'obliger. Les obligations par elle contractées, quelles qu'elles soient, quelle que soit leur étendue, ou quel que soit le motif qui a poussé la femme à s'engager, sont toujours et pleinement valables. Elle peut aujourd'hui, sans autorisation maritale ni judiciaire, emprunter, acheter à crédit des meubles ou des immeubles, louer ses immeubles pour une durée de plus de neuf ans, acquiescer à un jugement ou se désister d'une instance, transiger, compromettre (1), accepter une succession, procéder au partage d'une succession immobilière, recevoir une donation (2).

Il n'en était pas de même pour elle sous l'empire du Code civil. Il n'en est pas de même aujourd'hui encore pour la femme séparée de biens.

Tout d'abord, la femme séparée de biens peut-elle s'obliger ? Dans le sens de la négative, on peut dire que la femme séparée de biens, étant en principe incapable puisqu'elle est sous la puissance maritale, et aucun texte ne venant apporter dérogation à ce principe, elle

(1) Il résulte des articles 85, § 6 et 1004 du Code de procédure que la femme ne peut être autorisée par la justice à passer un compromis. La loi de 1893 rend toute liberté, à cet égard, à la femme séparée de corps.

(2) Pour la femme séparée de corps disparaît l'incapacité de disposer ou de recevoir à titre gratuit, par voie de succession ou de donation entre vifs ou testamentaire (art. 776, 905, 217, C. civ.) atteignant la femme mariée non séparée.

ne peut valablement s'obliger sans le consentement de son mari ou de justice.

Cependant, doctrine et jurisprudence sont d'accord pour permettre à la femme de s'obliger seule dans la limite de ses pouvoirs de libre administration (art. 1449 et 1536). Pour décider ainsi, on invoque deux raisons principales. D'abord une raison de tradition : telle était la règle admise par l'ancien droit (1), et il est à présumer que si le législateur avait voulu rompre avec une tradition qu'il ne pouvait pas ignorer, il l'aurait fait en termes exprès. Une seconde raison n'est pas moins puissante : c'est une raison de bon sens. Puisque le législateur reconnaît à la femme séparée de biens un droit de libre administration sur son patrimoine, il est vraisemblable qu'il a voulu la mettre en état d'exercer ce droit librement et sans entraves. Est-il admissible qu'il lui ait retiré d'une main ce qu'il lui a donné de l'autre, et qu'il ne lui ait accordé qu'une demi-indépendance nominale et non effective ? Or, administration et obligation sont deux termes si étroitement liés l'un à l'autre que, dans la pratique, il est presque impossible de les séparer. La femme séparée de biens, pour exploiter un domaine, est obligée de contracter des engagements envers les ouvriers agricoles, laboureurs, bergers, dont elle loue les services. Elle ne peut donner à bail un immeuble sans contracter les obligations afférentes à la qualité de

(1) V. Pothier, *Puissance du mari*, n° 15 ; Bourjon, *Droit commun de la France*, 4e partie, sect. 4, § 18.

bailleur. Si donc, toutes les fois que, pour administrer, elle a besoin de s'obliger, elle devait avoir recours à l'autorisation maritale, c'est presque à chaque instant qu'en fait son droit de libre administration serait entravé.

Il est donc certain que la femme séparée de biens peut s'obliger dans la limite de ses pouvoirs de libre administration. Mais elle ne peut aller au delà ! Et les auteurs qui attribuent à la femme séparée le droit de disposer à titre onéreux de son mobilier, sans aucune restriction, reconnaissent eux-mêmes qu'elle n'est capable de s'obliger que pour les besoins et dans les limites d'une sage administration (1). Que si une femme séparée de biens achète par exemple un objet quelconque mobilier ou immobilier, cette acquisition ne peut valoir que comme acte d'administration ou de placement ; donc, seulement si, au moment du marché, la femme dispose effectivement des fonds constitutifs du prix. Si elle s'engage par voie d'emprunt ou pour toute autre cause, l'obligation ne sera valable qu'à la condition d'avoir effectivement pour objet de pourvoir à une nécessité d'administration (2).

On comprend immédiatement combien, en fait, dans tel ou tel cas déterminé, il est difficile de reconnaître le véritable caractère de l'obligation. Le tiers qui se pro-

---

(1) Rodière et Pont, t. III, n° 2193 ; Aubry et Rau, t. V, § 516, note 77 ; Colmet de Santerre, t. VI, n° 101 *bis*, XII ; Laurent, t. XXII, n° 308 et suiv.

(2) Demolombe, IV, n° 161 ; Aubry et Rau, t. V, § 516, note 77, p. 408 ; Laurent, t. XXII, n° 310.

pose de contracter avec la femme, doit rechercher si l'opération projetée a ou non pour objet de pourvoir à une nécessité d'administration, si elle rentre dans les limites d'une sage administration. Pas de difficulté, si cette opération a pour objet l'exploitation, la conservation ou l'amélioration d'un bien, de même si elle est déterminée par les besoins de la vie courante.

Mais, le plus souvent, comment savoir, au moment de la formation du contrat, si l'opération rentre ou non dans le cadre de la libre administration. Une femme emprunte. Comment savoir sûrement à quelle nécessité la somme versée sera en définitive appelée à faire face ? Les tiers, dans ces conditions, courent de très grands risques, d'autant que le sort des actes passés par la femme dépendra pratiquement de l'appréciation arbitraire des juges du fond. Suivant que le juge se fera de l'administration, qualifiée libre par l'article 1449, une idée étroite ou compréhensive, il arrivera soit que la femme perdra toute initiative et se verra refuser le pouvoir de faire certains actes se rattachant à l'administration de son patrimoine, soit au contraire qu'elle sera admise à faire seule des actes qui rigoureusement eussent exigé, pour satisfaire aux prescriptions de l'article 217, l'autorisation du mari ou de justice (1).

L'article 1312 décide, il est vrai, que, dans le cas où l'obligation contractée par un incapable est annulée,

______

(1) Cabouat, *Explicat. de la loi*, p. 50.

le créancier dont la créance s'évanouit, a néanmoins le
droit de réclamer à l'incapable une somme équivalente
au profit que celui-ci a retiré de l'acte. Mais dans la
grande majorité des cas, ce profit est insignifiant eu
égard à la somme totale dépensée et la preuve de ce
profit réalisé par l'incapable qui est à la charge du
créancier, est presque impossible à fournir.

Les tiers ont d'ailleurs d'autant plus de raisons de
craindre que les engagements de la femme vis-à-vis
d'eux ne soient ultérieurement annulés que lorsque la
femme prétend avoir dépassé les limites de sa capacité
en s'engageant envers eux, ce n'est pas à elle de le prouver, c'est au contraire au défendeur à l'action en nullité qu'incombe la charge d'établir que la femme avait
le droit de conclure seule l'acte dont l'annulation est à
tort demandée selon lui. La femme se trouve protégée
par une présomption d'incapacité. Ce n'est pas à elle à
prouver que l'acte accompli est nul, c'est à son adversaire à démontrer qu'il est valable.

Ignorant le but que poursuit la femme en s'obligeant,
se trouvant rarement en cas de contestation en état de
fournir la preuve exigée de lui, le tiers exigera que dans
le contrat soit inscrite cette mention que la femme
s'oblige en vue d'un besoin d'administration à satisfaire, dans la pensée que cette mention aura pour conséquence de déplacer le fardeau de la preuve, en le
mettant à la charge de la femme séparée de biens. Mais
ce calcul sera mauvais : la précaution prise par le

créancier se retournera contre lui-même, trop habile, semblera-t-il, pour être sans reproche. La mention qui devait le garantir, n'aura d'autre résultat que de le faire condamner plus sûrement (1).

Une seule précaution est efficace, c'est celle qui consiste à exiger toutes les fois qu'un doute existe sur le véritable caractère de l'acte, que la femme se munisse d'une autorisation de son mari ou de justice. Pour la femme séparée de biens seulement, qui le plus souvent est restée en excellents termes avec son mari, il n'y a pas de grave inconvénient à ce qu'elle soit tenue de « se faire autoriser toutes les fois qu'un doute est possible sur l'opération qu'elle veut faire » (2). Mais il en était autrement avant la loi de 1893 pour la femme séparée de corps, et nous savons ce que l'autorisation maritale lui coûtait d'affronts, d'humiliations, de temps et d'argent.

Le législateur de 1804 n'avait donc donné à la femme séparée de corps en matière de contrats qu'un droit relativement restreint et une initiative paralysée en fait. Rien n'était plus difficile, plus sujet à controverses que de dire quelles étaient les limites précises de ces pouvoirs d'administration conférés à la femme séparée par l'article 1449. Rien de plus délicat que de concilier ces pouvoirs avec le respect dû à l'autorité maritale.

La loi de 1893 a remédié à cette situation d'une façon

(1) Laurent, t. XXII, p. 325.
(2) Colmet de Santerre, t. VI, n° 101 *bis* X.

radicale, en reconnaissant à la femme séparée de corps pleine et entière capacité de s'obliger et de contracter : plus de distinctions douteuses entre les actes de disposition et les actes d'administration ; les engagements de la femme donnent aux tiers, comme à la femme elle-même, sécurité absolue quelle que soit leur nature. La femme peut donc emprunter et donner à cet emprunt l'importance, le but et la destination qui lui conviennent. Elle peut accepter un mandat sans autorisation, comme par le passé, mais sa responsabilité n'est plus limitée par les articles 1310, 1312 et 1990 (1); elle est tenue, comme toute personne capable de remplir le mandat, de rendre compte et de réparer les fautes par elle commises dans sa gestion. Elle peut encore acquiescer à une demande formée contre elle, se désister de l'instance par elle engagée ; transiger, non plus seulement sur les contestations relatives à ses droits mobiliers, et dans les limites de l'administration, mais aussi sur ses droits immobiliers. Telle est la situation de la femme séparée de corps au point de vue des obligations qu'elle est appelée à contracter.

(1) Article 1990 du Code civil. Les femmes et les mineurs émancipés peuvent être choisis pour mandataires ; mais le mandant n'a d'action contre le mandataire mineur, que d'après les règles générales relatives aux obligations des mineurs, et contre la femme mariée et qui a accepté le mandat sans autorisation de son mari , que d'après les règles établies au titre du contrat de mariage et des droits respectifs des époux.

§ 2. — Aliénations.

La femme séparée de corps peut aujourd'hui, sans aucune autorisation, aliéner ses meubles et ses immeubles. Telle n'était pas sa situation avant la loi de 1893; telle n'est pas encore la condition de la femme séparée de biens seulement. En effet, la femme séparée de biens ne peut sans l'autorisation de son mari ou de justice aliéner ses immeubles. C'est ce qui résulte de l'article 1449, alinéa 3, ainsi conçu : « Elle ne peut aliéner ses immeubles sans le consentement du mari, ou sans être autorisée de justice à son refus (1) ». Elle ne peut, par conséquent, non plus les grever d'hypothèques ou de servitudes, de droits réels en général. Et il en est ainsi suivant l'opinion commune, même au cas où il s'agirait d'un immeuble acheté par la femme avec les économies faites sur ses revenus.

Mais, si la femme séparée de biens ne peut aliéner ses immeubles directement, elle peut les aliéner indirectement, en vertu de l'article 2092. On admet que les créanciers envers qui la femme s'est obligée valablement pour les besoins de son administration, peuvent poursuivre le paiement sur les immeubles comme sur les meubles, car quiconque s'oblige, oblige tous ses biens. La femme a un autre moyen, direct celui-là, mais illégal, d'aliéner la nue propriété de ses immeubles. Elle n'a

---

(1) La même prohibition est édictée par les articles 1538, 1576-2°.

qu'à donner à l'acte d'aliénation sous seings privés une date antérieure au mariage. Le créancier peut alors, en vertu de l'article 1410, alinéa 2, poursuivre le paiement sur la nue propriété de ses immeubles personnels (1). Toutefois, ce moyen n'offre qu'une sécurité relative, car les tiers peuvent toujours craindre que la preuve de l'antidate ne soit faite contre eux ; la femme elle-même peut être admise à prouver la fraude (2).

La loi de 1893 permet à la femme séparée de corps d'aliéner ses immeubles sans avoir besoin de recourir au moindre détour. De même, elle peut les hypothéquer, ce que lui refusaient jusqu'alors les articles 1449-3° et 2123. Cabouat, tout en le reconnaissant ajoute que « l'on peut prévoir quelques objections contre cette dernière conséquence ». Mais on est en droit de se demander sur quoi ces objections se fonderaient en réalité. Si l'article 3, § 3 de la loi nouvelle prenant le contre-pied de l'article 1449 n'avait conféré à la femme que le droit d'aliéner ses immeubles, des doutes sérieux pourraient peut-être surgir, car la faculté d'aliéner des immeubles, n'implique pas forcément celle de les hypo-

(1) Article 1410 du Code civil. La communauté n'est tenue des dettes mobilières contractées avant le mariage par la femme qu'autant qu'elles résultent d'un acte authentique antérieur au mariage, ou ayant reçu avant la même époque, date certaine, soit par l'enregistrement, soit par le décès d'un ou de plusieurs signataires dudit acte. Le créancier de la femme, en vertu d'un acte n'ayant pas de date certaine avant le mariage, ne peut en poursuivre contre elle le paiement que sur la nue propriété de ses immeubles personnels.

(2) Cabouat, *Explicat. de la loi*, p. 59.

théquer. Mais, le texte nouveau est beaucoup plus large et plus compréhensif : il permet à la femme de contracter librement, et, comme l'explique M. Cabouat lui-même, « dès qu'il est admis que la femme peut contracter librement et engager ainsi l'ensemble de ses biens présents et à venir, mobiliers et immobiliers, logiquement elle doit pouvoir, tant la faculté de s'obliger et celle d'hypothéquer sont en corrélation étroite, recourir à l'hypothèque pour garantir les obligations qu'elle contracte » (1).

La femme séparée de corps peut aussi aujourd'hui librement aliéner son mobilier, meubles corporels et incorporels, à titre gratuit ou onéreux et pour quelque cause que ce soit. L'article 1449 ne reconnaît-il pas le même droit à la femme séparée de biens ? « La femme séparée soit de corps et de biens, soit de biens seulement, *peut disposer de son mobilier et l'aliéner.* »

Un point est hors de conteste, c'est que le mot « aliéner » de l'article 1449 ne doit pas s'entendre de toutes les aliénations sans exception, mais seulement des aliénations à titre onéreux. En effet, l'article 1449 vient apporter dérogation au principe général inscrit dans l'article 217 : « La femme, dit ce texte, même non commune ou séparée de biens, ne peut donner, aliéner..... » Or, l'article 1449 ne reconnaît à la femme que le droit d'aliéner et non celui de donner ; par conséquent ce

____

(1) Cabouat, *op. cit.*, p. 59.

dernier droit lui est refusé. Donc, la femme séparée de
biens ne peut aliéner son mobilier à titre gratuit. Elle
ne peut pas faire de donations même mobilières. Il a
été jugé qu'un prêt d'argent, fait par une femme séparée de biens contractuellement sans l'autorisation de
son mari, était nul, comme constituant une donation
déguisée, alors que le capital et les intérêts avaient été
stipulés remboursables seulement au décès de l'em-
prunteur beaucoup plus jeune que la femme (1).

En revanche, toute aliénation à titre onéreux est-elle
permise à la femme séparée de biens? La question de
savoir dans quelle mesure la femme séparée de biens
peut disposer à titre onéreux de son mobilier, est toujours très vivement controversée entre les auteurs.

La plupart soutiennent, d'une manière absolue, que
la femme a le droit de vendre ses meubles corporels et
incorporels, ses créances ou autres droits mobiliers et
d'en disposer à titre onéreux de quelque manière que
ce soit. Cette opinion s'appuie sur le texte de l'article 1449, sur l'intention présumée des auteurs du Code
pour qui l'aliénation des meubles rentrait de sa nature
dans les attributs d'une large administration et sur

(1) Paris, 29 janvier 1874, D. 74.2.224. — Cependant, la femme
séparée peut disposer de ses revenus comme elle l'entend. Jugé
qu'elle n'a pas besoin de l'autorisation de son mari pour faire chaque année des dons manuels et rémunératoires avec les économies provenant de ses revenus, mais qu'elle ne peut donner gratui-
tement un capital mobilier alors même qu'il provient d'une accumulation de revenus réalisés. Paris, 28 juin 1851, D. 51.2.22. V. en ce
sens Guillouard, t. III, n° 1190.

l'intérêt des tiers qui, lorsqu'ils traitent avec une femme séparée, doivent savoir d'une manière précise, si elle est ou non capable d'aliéner (1). Il n'y a, dit-on, aucun lien, aucune corrélation entre les deux alinéas de l'article 1449. Cet article parle successivement du droit d'administration dans son premier alinéa et du droit d'aliénation du mobilier dans le second. Ces dispositions sont différentes, indépendantes l'une de l'autre, et il importe de ne pas les confondre. Ce n'est point faire commettre une contradiction au législateur que d'adopter cette interprétation. En effet, l'exception n'a pas la même portée que la règle ; l'exception ne vise que le mobilier, tandis que la règle concerne tout le patrimoine de la femme séparée de biens. Enfin, l'on ajoute dans le même sens qu'au moment où le Code a été rédigé, la fortune mobilière était insignifiante par rapport à la fortune immobilière, qu'il était vrai de dire : *res mobilis, res vilis*, et qu'en conséquence il est vraisemblable de supposer que, pour le législateur du Code civil, l'aliénation des meubles rentrait dans les attributs d'une large administration.

Nous ne pensons pas que cette opinion doive être adoptée. Les motifs qu'elle invoque ne sont en effet, suivant nous, nullement décisifs. L'article 1449, § 2 dit, il est vrai, que la femme séparée peut disposer de

(1) Rodière et Pont, t. III, n° 2190 ; Aubry et Rau, t. V, § 516, note 56, p. 403 et suiv. ; Colmet de Santerre, t. VI, n° 101 *bis* 3; Laurent, t. XXII, p. 301 ; V. aussi Tribunal de la Seine, 9 juillet 1872, D. 72. 3.96.

son mobilier et l'aliéner. Mais cette disposition doit d'abord être rapprochée de celle qui la précède et qui ne confère à la femme que le droit d'administration. Elle doit surtout être conciliée avec la règle générale de l'article 217 d'après laquelle la femme même non commune ou séparée de biens ne peut donner, aliéner, hypothéquer, acquérir à titre gratuit ou onéreux, sans le concours du mari dans l'acte ou son consentement par écrit. L'article 1449 ne déroge à cette règle que pour ce qui concerne l'administration. Or, aujourd'hui que la fortune mobilière a pris tant de développement, il y a une infinité d'aliénations mobilières qui excèdent très évidemment la limite des actes d'administration.

On objecte que les tiers qui traitent avec la femme ne peuvent savoir si l'acte qu'elle fait, constitue ou non, eu égard à son importance et à la fortune de la femme, un simple acte d'administration. Tout ce qu'on peut conclure de là, c'est que, en cas de doute sur le caractère de l'acte, le doute doit profiter aux tiers de bonne foi et que l'acte doit être maintenu. Mais, dans les cas très nombreux où l'aliénation excède certainement la mesure de la simple administration, où elle est évidemment de nature à compromettre la fortune de la femme, on ne doit pas accorder à la femme la capacité de la faire seule (1).

(1) Troplong, t. II, n° 1417 et suiv. ; Demolombe, *Mariage*, t. II, n° 155 ; Marcadé, t. V, art. 1448 et 1449, n° 3 ; Dutruc, *Traité de la séparation de biens judiciaire*, n° 334 et suiv. ; de Folleville, t. I, n° 430 ; Guillouard, t. III, n° 1193.

La jurisprudence est aujourd'hui fixée dans le sens de cette seconde opinion. Il a été jugé que la faculté accordée par l'article 1449 du Code civil à la femme séparée de biens de disposer de son mobilier et de l'aliéner, doit être restreinte dans les limites du droit d'administration, et qu'il appartient aux tribunaux d'apprécier, d'après les circonstances, si l'aliénation consentie par la femme rentre ou non dans ces limites (1).

Que cette interprétation que la jurisprudence donne de l'article 1449 puisse entraîner certaines conséquences fâcheuses pour les intérêts de la femme séparée de biens, et pour les intérêts des tiers qui traitent avec elle à titre onéreux de l'aliénation de son mobilier, c'est ce qui cependant ne peut pas être nié. Les tiers, pour avoir la certitude que l'aliénation ne sera pas annulée, doivent s'assurer que la femme agit dans les limites de son droit d'administration. Or, il est souvent fort difficile de distinguer l'aliénation qui constitue un acte de bonne gestion de celle qui peut constituer une prodigalité ; si bien que les tiers risquent de voir l'aliénation annulée sans autre ressource dans ce dernier cas, que de demander à la femme séparée de biens de leur restituer une somme représentant le profit qu'elle a retiré de l'opération, après avoir préalablement prouvé que l'opération lui a été profitable en partie. « Le système de la jurisprudence, dit de son côté M. Cabouat, est gros de

(1) Nancy, 24 juin 1854, D. 55.5.407.

mécomptes pour les tiers acquéreurs. En effet, si l'on doit admettre aisément qu'il y a lieu d'annuler les actes de disposition emportant avec eux la preuve d'une intention dissipatrice si évidente que nécessairement l'acquéreur a dû en être complice (Cass., 30 décembre 1862, S. 1862.I.257), au contraire, on a peine à comprendre qu'en bonne législation le sort d'une aliénation puisse être mis en question alors que ni la nature de l'objet vendu ni une connaissance certaine des circonstances concomitantes au contrat, n'ont pu mettre l'acquéreur en garde contre une éventualité d'aliénation. Pour échapper à toutes ces complications, il était nécessaire de déclarer la femme pleinement capable d'aliéner son mobilier, de telle sorte qu'elle pût agir elle-même et, en toute circonstance, donner pleine sécurité aux tiers acquéreurs, par son action personnelle (1). »

Il est intéressant d'ajouter que le texte primitif de la commission du Sénat soumettait l'aliénation des valeurs mobilières à l'autorisation du mari ou de justice. Ce texte était ainsi conçu : « L'article 1449 est modifié ainsi qu'il suit : La femme séparée, soit de corps et de biens, soit de biens seulement, en reprend la libre administration. Elle peut disposer de son mobilier et l'aliéner. Elle peut à son gré demander à son mari ou demander directement au tribunal par requête toutes

____

(1) Cabouat, *Explicat. de la loi*, p. 60-61. L'aliénation du mobilier corporel est considérée en fait comme rentrant dans les actes d'administration.

les autorisations nécessaires pour ester en justice, pour l'aliénation de ses immeubles, *ou de ses valeurs mobiliè-res*, pour toutes acquisitions, emplois ou remplois, et généralement pour toutes les mesures que ses intérêts peuvent exiger. » Mais, sur les observations de M. Naquet et de M. Griffe, dans la séance du 18 juin 1885, cette disposition restrictive de la liberté de la femme disparut de la rédaction définitive (1).

On s'est demandé si la femme séparée de biens pouvait librement convertir un titre nominatif en un titre au porteur. Cette question ne peut plus, depuis la loi de 1893, se poser que pour la femme séparée de biens seulement. La question est d'une grande importance pour ceux-là surtout qui considèrent que la femme séparée de biens ne peut pas aliéner son mobilier en dehors des limites de l'administration. Dès que le titre ne porte plus l'indication du nom de sa propriétaire et que rien ne révèle qu'il appartient à une femme séparée de biens, il est aisé à la femme de le céder, et les tiers n'hésiteront pas à s'en rendre acquéreurs, car ils pourront s'abriter derrière la règle « en fait de meubles possession vaut titre ».

M. Lyon-Caen soutient que la conversion des titres nominatifs en titres au porteur est interdite à la femme séparée de biens. « La femme séparée de biens ne peut pas, sans l'autorisation de son mari ou de justice, opérer

(1) Naquet, *J. Off.*, Sénat, *Déb. parlement.*, Séance du 18 juin 1885, p. 712.

la conversion de ses titres, car, suivant la doctrine générale, la femme séparée de biens n'a la capacité d'a-
liéner seule ses meubles que pour les besoins de son
administration (art. 1449 et 1576, C. civ.). En faisant
convertir ses titres, elle arriverait à dissiper son patrimoine mobilier, et échapperait ainsi à l'obligation de
subvenir sur ses revenus aux besoins du ménage (1). »

Certes, on ne peut pas se dissimuler que la conversion des valeurs nominatives en valeurs au porteur
équivaut en fait, sinon en droit, à l'aliénation, puisque,
une fois qu'elle a eu lieu, l'aliénation peut se faire ensuite sans difficulté. C'est pourquoi la loi du 27 février
1880 sur l'aliénation et la conversion des valeurs mobilières appartenant aux mineurs et aux interdits, a eu
soin de stipuler (art. 10) que « la conversion de tous titres nominatifs ou au porteur est soumise aux mêmes
conditions et formalités que l'aliénation de ces titres ».

Cependant, nous estimons que l'autorisation du mari
n'est pas nécessaire à la femme séparée de biens pour
la conversion de ses titres nominatifs en titres au porteur. C'est le système de la jurisprudence (2). La question
n'est pas en effet de savoir si l'opération est dange-
reuse, mais si elle est licite. Or, s'il est vrai que l'a-
liénation de son mobilier, en dehors des limites de l'ad-

____

(1) V. S. 1869.2. 321-322.
(2) Paris, 12 juillet 1869, D. 70.2.29 ; Paris, 1ᵉʳ mars 1875, D. 76.
2.158. — V. Laurent, t. XXII, n° 304 ; de Folleville, t. I, n° 431 *bis* ;
Guillouard, t. VI, n° 1197.

ministration, soit interdite à la femme séparée de biens, il n'est pas moins vrai que la conversion n'est pas en elle-même un acte d'aliénation, mais un acte d'administration. La meilleure preuve que cette conversion n'est pas interdite à la femme, nous est d'ailleurs fournie par le législateur lui-même. En effet, lorsqu'elle est faite par un tuteur de mineurs ou d'interdits, le législateur a soin de l'entourer de formalités destinées à protéger les intérêts des incapables. Or, il n'a pas pris de semblables précautions à l'encontre de la femme séparée de biens. La loi de 1880 était inutile si, sous l'empire du Code civil, cette opération était interdite aux administrateurs de la fortune des incapables. Mais, si elle leur était permise, elle l'était également à la femme séparée de biens, puisque ni le Code, ni la loi de 1880, ne renferment de dispositions qui lui soient applicables.

La question en tous cas ne peut plus se poser pour la femme séparée de corps qui peut librement et valablement convertir ses titres nominatifs en titres au porteur.

De même, la femme séparée de corps peut placer ses capitaux à rente viagère.

La femme séparée de biens a-t-elle le droit de faire semblable opération, seule et sans autorisation ? Nous sommes disposé à nous prononcer pour l'affirmative par le motif que c'est là une sorte de placement (1). On peut objecter toutefois, avec M. Laurent (t. XXII, n° 298), que « le placement avantageux pour la femme

____

(1) V. en ce sens Trib. Seine, 3 février 1869, D. 71.3.109.

peut être ruineux pour ses enfants et que, parfois, elle-même fait une mauvaise spéculation ; on pourrait dire que l'administrateur n'a pas le droit de spéculer, et tout contrat aléatoire est une espèce de jeu où l'on peut perdre ». Plusieurs auteurs enseignent en conséquence qu'en principe, et surtout lorsqu'elle a des enfants, la femme n'a pas le droit de placer ses capitaux à rente viagère (1).

La femme séparée de corps pourra dorénavant faire des acquisitions de meubles ou d'immeubles en remplois de ses propres.

La femme séparée de biens a-t-elle ce droit ? Suivant la doctrine que nous avons adoptée et qui est celle de la jurisprudence, elle ne le peut que dans la limite des actes d'administration. Ici encore, les auteurs qui soutiennent que la femme séparée de biens a le droit de disposer de son mobilier sans aucune restriction, aboutissent à une solution contraire. La capacité de disposer du mobilier emporte, en effet, le droit de le convertir en immeubles ou en d'autres valeurs mobilières, de transformer librement la composition du patrimoine mobilier (2).

---

(1) Demolombe, t. IV, n° 158 ; Dutruc, *op. citat.*, n° 345 ; Guillouard, t. III, n° 1196. — *Contrà* : Aubry et Rau, t. V, § 516, note 59, p. 404 ; Laurent, t. XXII, n° 298 ; Dalloz, *Répert.*, V° *Contrat de mariage*, n° 1983.

(2) Demolombe, t. IV, n° 157 ; Aubry et Rau, t. V, § 516, note 59, p. 404 ; Colmet de Santerre, t. VI, n° 19 *bis*, II ; Laurent, t. XXII, n° 297.

Nous ne croyons pas pouvoir reconnaître à la femme séparée un droit aussi dangereux, un droit qui lui permettrait notamment de substituer aux bonnes créances, aux valeurs sûres dont se composerait sa fortune, des valeurs aléatoires ou des créances dépourvues de garanties. Ce droit n'est-il pas en effet formellement dénié à la femme, même séparée de biens, par l'article 217 du Code civil, aux termes duquel elle ne peut, sans l'autorisation de son mari, acquérir à titre gratuit ou onéreux. On doit, il est vrai, lui reconnaître dans une certaine mesure le droit d'acquérir, mais conformément à l'article 1449, c'est-à-dire dans les limites de la libre administration de ses biens. Ajoutons toutefois, avec M. Laurent, que le fait d'acheter, pour faire emploi de ses revenus, ou pour placer un capital qui est remboursé, est un acte d'administration que les administrateurs de biens d'autrui peuvent faire. A ce titre, ces acquisitions nous semblent devoir être permises à la femme.

§ 3. — Annulabilité des actes passés par la femme avant et après la séparation de corps.

Après avoir décidé que la femme même non commune ou séparée de biens ne peut « donner, aliéner, hypothéquer, acquérir à titre gratuit ou onéreux » (article 217) sans le consentement de son mari ou l'autorisation de justice, le Code civil, dans les articles 225 et 1125, a édicté la sanction à cette règle : la femme, le mari ou leurs héritiers peuvent demander la nullité des actes passés sans autorisation. Les obligations consenties par la femme séparée de corps en dehors des limites de l'article 1449 étaient certainement, sous l'empire du Code, soumises à ce principe. Certainement aussi, il en est différemment depuis la loi de 1893. Les articles 217, 1124, 1125 cessent de pouvoir être invoqués par la femme pour obtenir la nullité de ses engagements. En effet, l'action en nullité a pour fondement le respect dû à l'autorité maritale ; or, celle-ci disparaît avec la séparation de corps.

Supposons maintenant que ces mêmes actes aient été accomplis antérieurement à la séparation. L'action en nullité survit à la séparation, mais pendant combien de temps peut-elle s'exercer ? On sait qu'aux termes de l'article 1304, cette action se prescrit par dix ans, mais que ce temps ne court en principe que du jour de la dissolution du mariage (1). L'intention du législateur a été que cette prescription basée sur une confirmation tacite ne puisse commencer à courir que du jour où celui auquel appartient l'action, a toute liberté de l'intenter, où

(1) Article 1304 du Code civil. Dans tous les cas où l'action en nullité ou en rescision d'une convention n'est pas limitée à un moindre temps par une loi particulière, cette action dure 10 ans. Ce temps ne court dans le cas de violence que du jour où elle a cessé ; dans le cas d'erreur ou de dol, du jour où ils ont été découverts ; et pour les actes passés par les femmes mariées non autorisées du jour de la dissolution du mariage. Le temps ne court à l'égard des actes faits par les interdits que du jour où l'interdiction est levée et à l'égard de ceux faits par les mineurs que du jour de la majorité.

l'incapable devient capable de confirmer l'acte annulable. Il en est ainsi pour la femme mariée qui ne recouvre son indépendance et sa liberté que le jour de la dissolution du mariage. Cela était parfaitement exact sous l'ancienne législation qui maintenait la femme séparée de corps sous la tutelle du mari, mais cela ne l'est plus depuis la loi de 1893 qui rend à celle-ci son entière capacité. Étant donné le but que le législateur s'est proposé en écrivant l'article 1304, ne peut-on admettre que la prescription des actes annulables antérieurs à la séparation commence à courir du jour où la femme devient capable, c'est-à-dire du jour de la séparation de corps et non plus du jour de la dissolution du mariage ?

Bien que la loi de 1893 n'ait ni réglé, ni même prévu cette question, il semble tout d'abord qu'elle comporte une réponse affirmative. Cette solution paraît logique, puisque la raison d'être de l'ancienne disposition n'existe plus. C'est ce que fait remarquer très justement M. Cabouat : « Dès qu'elle (la femme séparée de corps) dispose des moyens d'action et que par surcroît elle est moralement libre d'en user, il n'existe plus aucune raison de suspendre le cours d'une prescription dont le point de départ coïncide en règle avec la disparition de l'obstacle à l'exercice de l'action (1). » En un mot, la femme séparée n'est plus incapable ; pour elle, n'existe

____

(1) Cabouat, *Explicat. de la loi*, p. 58.

plus aucune impossibilité morale d'exercer l'action en
nullité, puisque l'exercice de l'action n'est plus de nature
à troubler la paix du ménage.

Cependant, un auteur a cherché dans la possibilité
de la réconciliation une base au maintien de l'article 1304. D'après lui, quoique la femme soit redevenue
capable par l'effet de la séparation de corps, celle-ci
laissant subsister le lien du mariage, et comme conséquence la possibilité d'une réconciliation, on comprend
que le délai de 10 ans ne commence à courir même
alors qu'à partir de la dissolution du mariage. En effet,
si la femme, en agissant auparavant, avouait qu'elle a
passé des actes au mépris de l'autorité maritale à une
époque où elle y était soumise, cet aveu pourrait rendre
la réconciliation entre époux plus problématique (1).

Cette idée ne nous paraît pas exacte. L'action en nullité dont on redoute les conséquences au point de vue de la
réconciliation des époux, ne se produira guère plus fréquemment, que la prescription coure ou qu'elle ne
coure pas.

« Bien souvent, ce sont les poursuites de celui qui a
contracté avec la femme qui révèleront le contrat passé
au mépris de l'autorité maritale et non pas l'exception
de nullité qu'opposera la femme. Si, au contraire, c'est
la femme séparée de corps qui a intérêt à invoquer la
nullité par voie d'action directe, elle n'hésitera pas à le

____

(1) Surville, *Revue crit.*, 1893, p. 232.

faire au plus tôt, n'ayant plus la crainte de déplaire à son mari, en lui révélant l'acte passé à son insu (1).

Les poursuites de l'adversaire, l'action en nullité de la femme, seront intentées dès que l'un d'eux croira y avoir intérêt ; cette considération que la prescription ne court pas encore, ne les retardera pas et ce n'est pas l'approche de la prescription qui provoquerait ces poursuites et action, si aucune des parties ne pense y avoir intérêt.

S'il en est ainsi, il paraît illogique de suspendre la prescription jusqu'à la dissolution du mariage ; le point de départ de la prescription doit coïncider avec la disparition de l'obstacle à l'exercice de l'action. Telle est la solution que le législateur aurait dû adopter, car c'est celle qui cadre le mieux avec les motifs de l'article 1304. Mais, dans le silence de la loi, il paraît impossible de se déterminer en ce sens. Le texte de l'article 1304 n'a été abrogé ni expressément, ni tacitement. Il subsiste dans son intégrité, et il faut admettre, après comme avant la loi du 6 février 1893, que la prescription de l'action en nullité a pour point de départ, même pour la femme séparée de corps, le jour de la dissolution du mariage (2).

(1) Thiénot, *Revue crit.*, 1893, p. 386-387.
(2) C'est à cette conclusion qu'arrive M. Charmont, *Pandectes françaises périodiques*, 1893, 3,33.

§ 4. — Actions en justice.

Le principe de pleine capacité entraîne encore cette conséquence que la femme séparée de corps peut désormais ester en justice sans aucune autorisation, sans qu'il y ait lieu de distinguer suivant que l'objet du procès est civil ou criminel. L'article 215 du Code civil est donc modifié en tant qu'il s'appliquait à la femme séparée de corps. A cet égard, la loi nouvelle se rapproche de l'ancien droit ; en effet, ainsi que nous l'avons précédemment indiqué, quand le principe de l'incapacité de la femme séparée de corps eut prévalu dans notre ancien droit, on continua à reconnaître néanmoins à celle-ci le droit d'ester librement en justice.

Insistons sur deux effets spéciaux de la réforme : ils concernent le droit pour la femme d'user des voies d'exécution forcée contre ses débiteurs et celui de figurer dans une procédure d'ordre.

En premier lieu, sous l'empire du Code de procédure, la femme séparée de biens peut, sans aucune autorisation, pratiquer toutes saisies mobilières, lesquelles sont des actes extra-judiciaires qui rentrent dans les pouvoirs d'administration (art. 1449) ; mais, si un incident surgit, si une action en justice devient nécessaire à l'occasion de cette saisie, la femme a besoin d'une autorisation ; il s'agit alors d'un acte judiciaire. En ce qui concerne la saisie immobilière, la femme séparée de biens ne peut y procéder sans autorisation ; en effet, en pratiquant cette saisie, la femme s'oblige à rester le cas échéant adjudicataire pour la mise à prix ; or, elle ne peut s'obliger seule que dans les limites et pour les besoins de son administration, et, d'autre part, l'article 556 du Code de procédure implique que la saisie immobilière dépasse les pouvoirs d'un administrateur (1).

La femme séparée de corps peut donc, depuis la loi de 1893, plaider sur les incidents de saisie mobilière et poursuivre la saisie immobilière parce qu'elle peut s'obliger en dehors des limites de l'administration.

En second lieu, la femme séparée de biens ne peut, sous l'empire du Code de procédure, produire sans autorisation à un ordre ouvert. En effet, la production à l'ordre a tous les caractères et entraîne tous les effets de la demande en justice, notamment l'interruption de prescription et le cours des intérêts moratoires (C. civ., art. 1153, 2244) ; en conséquence, elle ne peut être faite que par un créancier capable de poursuivre le remboursement d'un capital mobilier ; c'est ce que la femme mariée, même séparée de biens, ne peut faire sans autorisation, l'article 215 lui interdisant d'ester en jugement (2).

Le motif qui sert de base à cette solution fait donc aujourd'hui défaut pour la femme séparée de corps qui,

(1) Garsonnet, *Traité de procédure*, III, §§ 537 et 539. *Traité des voies d'exécution*, n° 12.

(2) Garsonnet, *Traité des voies d'exécution*, n° 377, p. 325.

pouvant désormais ester en justice sans autorisation, peut également produire à un ordre.

Signalons enfin, que la nécessité de la communication au ministère public des causes des femmes non autorisées par leur mari (art. 83, 6°, C. proc. civ.), nécessité fondée sur la protection de la femme et la crainte des fraudes possibles, a disparu dans la mesure où a disparu la nécessité de l'autorisation maritale. D'une part, en effet, la législation ne protège plus la femme séparée de corps ; de l'autre, celle-ci n'est plus tentée de faire en fraude des actes qu'elle a le droit d'accomplir librement.

§ 5. — Influence des conventions matrimoniales sur la capacité civile de la femme séparée de corps.

La capacité que la loi de 1893 restitue à la femme séparée de corps, sera-t-elle invariablement la même, celle de droit commun, quelles que soient les conventions matrimoniales des époux, ou bien pour la détermination de l'étendue de cette capacité, faudra-t-il consulter les clauses du contrat de mariage, tenir compte du régime sous lequel sont placés les époux ?

Tout d'abord, il convient de délimiter très exactement la portée de cette question. Elle ne se posera ni pour la femme mariée sous le régime de la communauté légale ou conventionnelle, ni pour la femme mariée sous le régime exclusif de communauté, ni pour celle mariée sous le régime de la séparation de biens. En effet, sous ces différents régimes, l'incapacité qui frappe la femme est uniformément celle qui, d'après le droit civil, frappe toutes les femmes qui se marient, quel que soit le régime matrimonial qu'elles ont adopté. Cette incapacité, sanction nécessaire de la puissance maritale, doit donc disparaître en même temps que celle-ci, c'est-à-dire par la séparation de corps. Sous les régimes dont nous parlons, la séparation de corps aura pour effet d'anéantir les clauses du contrat de mariage, ou tout au moins d'en paralyser les effets. La division qui s'opère entre les patrimoines des deux époux, et les droits absolus que la loi nouvelle donne à la femme séparée de corps, auront pour conséquence de rendre inefficaces les clauses du contrat de mariage.

La question ne se posera donc que lorsque les époux ont adopté le régime dotal ou certaines clauses de dotalité adjointes à un autre régime. On sait qu'il est possible à la femme sous un régime autre que le régime dotal, de stipuler l'inaliénabilité de l'un de ses biens. Ainsi, sous le régime de communauté, la femme peut, si elle le veut, stipuler que tel de ses propres ne pourra être aliéné, ou ne pourra l'être que sous condition de remploi. Quel sera le sort de ces différentes clauses après la séparation? Continueront-elles à être respectées ou deviendront-elles caduques ? La femme séparée reprendra-t-elle, à l'égard de ces biens stipulés inaliénables, la complète liberté d'action qu'elle avait avant le mariage ou qu'elle recouvrerait si le mariage était dissous par le divorce ou par la mort du mari.

Nous n'hésitons pas à répondre que la femme séparée de corps demeure soumise à l'incapacité dotale pendant toute la durée du mariage. Certes, la formule si absolue de l'article 311 peut autoriser un doute ! Mais quelle a été la volonté du législateur, quel est le but qu'il s'est proposé ? Mettre un terme aux abus, aux excès de l'autorité maritale. Et dès lors, si l'on conçoit qu'il ait dispensé la femme de solliciter l'autorisation du mari dans les cas où la législation existante lui imposait l'obligation de la requérir, rien ne permet de supposer un instant qu'il ait même songé à la priver des garanties exceptionnelles qu'elle s'était contractuellement réservées. Au surplus, la séparation de corps ayant pour résultat de mettre fin à l'autorité maritale, n'est-il pas évident que si désormais la femme est apte à faire tout acte pour lequel elle devait autrefois requérir l'autorisation du mari ou de justice, par contre, il serait contraire à toute logique autant qu'à l'esprit de la loi elle-même, de l'admettre à faire seule tel acte, par exemple l'aliénation du fonds dotal, pour lequel l'autorisation du mari eût été impuissante à l'habiliter. On a voulu seulement dispenser la femme de recourir à une autorisation, dans les cas où le Code civil l'exigeait ; d'après cela, les actes que la femme ne pouvait faire, même avec autorisation, elle ne pourra pas plus les faire qu'autrefois et, en particulier, les règles de la dotalité, qui sont des règles d'indisponibilité plutôt que d'incapacité, devront rester intactes.

C'est d'ailleurs, — et ceci en vérité dispense d'insister, — ce qui résulte à l'évidence des travaux préparatoires, et notamment de la comparaison des amendements Naquet et Léon Renault et Pâris, avec les termes de la rédaction adoptée.

Le premier de ces amendements était ainsi conçu : « Ajouter à l'article 311 cet alinéa : elle (la séparation de corps) aura pour effet de supprimer l'autorisation maritale, et de faire rentrer la femme dans le plein exercice de sa capacité civile, à l'égard de ses biens, *nonobstant toutes les clauses restrictives du contrat de mariage.* » C'était l'abolition certaine de l'incapacité dotale.

Quant à l'amendement Pâris, il était ainsi conçu : « La séparation de corps aura en outre pour effet de rendre à la femme le plein exercice de la capacité civile, sans qu'elle ait besoin, en aucun cas, de recourir à l'autorisation de son mari ou de justice. » A la rigueur, cet amendement, à raison de la généralité de ses termes, pouvait être pris dans le sens de l'affranchissement de la femme de toute incapacité dotale. Tel fut d'ailleurs l'avis de M. Naquet, qui s'y rallia après le retrait de son propre amendement, comme reproduisant exactement et fidèlement sa pensée personnelle.

« Vous avez présenté, dit M. le Président du Sénat, en s'adressant à M. Léon Renault, vous avez présenté, ainsi que M. Naquet, un amendement qui se rapproche beaucoup de l'amendement de M. Pâris.

M. Naquet. — Je l'ai retiré.

M. le Président. — Permettez, vous avez ajouté que la séparation de corps aura pour effet de faire rentrer la femme dans le plein exercice de sa capacité civile à l'égard de ses biens nonobstant toutes clauses restrictives du contrat de mariage. Il serait peut-être bon de donner quelques explications sur cette disposition.

M. Naquet. — On m'a fait remarquer que cette phrase était absolument inutile et que l'amendement de M. Pâris répondait à la pensée qui l'avait dictée. Je me suis alors rallié à cet amendement. »

Et M. le Président demande alors en propres termes : « Alors le régime dotal stipulé disparaît ? »

M. Naquet répond : « Oui, M. le Président » (1).

Cette affirmation ne fut pas, sur le moment, relevée ni contredite. Mais quelques instants plus tard, dans cette même séance du 20 janvier 1887, M. Roger Marvaise, adversaire de la restitution à la femme séparée de corps de la pleine capacité, monte à la tribune et s'exprime en ces termes : « Par son amendement, l'honorable M. Pâris vous demande de bouleverser complètement notre législation civile, de détruire la puissance maritale qui est de l'essence du mariage. Il va même plus loin encore. Non seulement il vous propose de détruire la puissance maritale en cas de séparation de corps, mais encore de faire disparaître d'une manière absolue, com-

______

(1) Séance du 20 janvier 1887, *J.Off.*, Sénat, *Déb. parlement.*, p. 31.

plète le contrat de mariage qui règle les rapports des époux entre eux... J'insiste sur cette idée, parce qu'elle est frappante et ne peut pas ne pas toucher le Sénat. En cas de séparation de corps, le contrat de mariage continue à subsister et dans ces conditions, il est impossible d'admettre l'amendement de M. Pâris, puisque cet amendement aurait pour conséquence de rendre à la femme une capacité entière, c'est-à-dire de lui donner la liberté de mettre complètement de côté ce contrat de mariage qui doit durer autant que durera le mariage (1).

La question était ainsi nettement posée. C'est M. Léon Renault qui répond en ces termes précis et catégoriques : « M. Roger Marvaise a confondu absolument deux choses qui n'ont rien au monde de commun : les stipulations du contrat de mariage et l'autorisation maritale.

« Avec la législation actuelle, est-ce qu'un mari pourrait autoriser la femme séparée de corps à aliéner le fonds dotal ? Incontestablement non. Par conséquent, la disparition de la nécessité de l'autorisation maritale, après que la séparation de corps a été prononcée, n'a rien à voir avec l'inaliénabilité du fonds dotal ; il ne s'agit que d'autoriser la femme séparée à faire seule, en vertu de sa capacité, les actes pour lesquels elle est obli-

____

(1) Séance du 20 janvier 1887, *J. Off.*, Sénat, *Déb. parlement.*, p. 34.

gée de demander aujourd'hui l'autorisation de son mari.

« Précisons bien ce que l'amendement Pâris propose d'abolir. L'autorisation maritale actuellement est nécessaire à la femme pour recevoir, pour disposer de ses biens personnels, pour ester en justice, pour un certain nombre d'actes essentiels qui se lient à sa capacité civile. Le jour où vous aurez déclaré que, lorsque rien ne subsiste plus de l'association conjugale dans sa réalité, dans sa sainteté, quand il y a séparation de corps entre les deux époux, il n'y a plus lieu pour la femme de réclamer l'autorisation de son mari ou de la justice, pour aliéner, recevoir et ester devant les tribunaux, il n'en résultera pas forcément que les contrats de mariage disparaîtront, que leurs stipulations seront anéanties. Ces contrats ne peuvent disparaître qu'à l'instant où le mariage lui-même est dissous par la mort ou le divorce. La puissance maritale ne les a pas créés, ce n'est pas elle qui les soutient, elle n'a rien à voir avec eux (1). »

Dans la même séance du 20 janvier 1887, M. Pâris, et, dans la séance du 25, M. Lenoël, ont soutenu la même thèse en la basant sur l'indisponibilité du fonds dotal. Sans rechercher si cette explication est exacte, nous constatons que l'intention de ces orateurs était de ne pas toucher au régime dotal.

Enfin, dans son rapport à la Chambre, M. Arnault déclare que : « La femme reprend toute sa liberté,

______

(1) Séance du 20 janvier 1887, *J. Off.*, Sénat, *Déb. parlement.*, p. 35.

même d'aliénation, sauf pour les biens dotaux qui restent inaliénables ». Et plus loin encore il ajoute : « De même restent en vigueur entre époux séparés toutes les dispositions de la loi qui ne sont pas relatives à la capacité. Nous avons déjà eu l'occasion de mentionner la survivance de l'inaliénabilité de la dot sur le régime dotal avec toutes ses conséquences » (art. 1561).

Ces paroles ne laissent subsister aucun doute : l'inaliénabilité dotale subsiste après la séparation de corps. Commandée par les principes du droit, cette solution l'est également par les affirmations précises qui se sont produites au cours des travaux préparatoires.

Quelles sont cependant les objections qui peuvent lui être faites ? On peut les résumer ainsi. Sauf les immeubles composant le domaine public de l'Etat, tous les biens sont dans le commerce. Si parfois la loi rend un bien indisponible ou inaliénable sous certaines conditions seulement, c'est par suite d'une incapacité dont est frappé le propriétaire, et dès que cette incapacité cesse, les biens redeviennent libres et aliénables. C'est par application de ce principe que la femme qui était mariée sous le régime dotal et qui divorce, peut aliéner librement ses immeubles qui perdent tout caractère de dotalité. Dès lors, la femme séparée de corps qui, elle aussi, comme la femme divorcée, a maintenant par l'effet de la nouvelle loi la pleine capacité civile, ne doit plus être soumise à la dotalité qui lui était imposée antérieurement. L'idée bien nette du législateur affirmée à différentes reprises en termes formels, a été que la femme séparée de corps devait à l'avenir jouir de la pleine capacité civile, au même titre et de la même manière que la femme divorcée ou la femme célibataire, sans aucune restriction.

En réalité, ce raisonnement repose sur une confusion : il convient en effet de distinguer entre l'incapacité de droit commun qui pèse sur toute femme mariée d'une part, et l'indisponibilité ou l'incapacité dotale de l'autre. Nous n'avons pas à rechercher ici quel est le fondement sur lequel repose l'inaliénabilité dotale. Les auteurs ne sont pas d'accord : selon les uns, la femme dotale ne serait pas frappée d'une incapacité même relative ; il faudrait dire simplement que sa dot est indisponible pendant le mariage (1) ; suivant les autres, au contraire, la femme serait réellement incapable en ce qui concerne les biens dotaux (2). Quel que soit le système adopté, la distinction saute aux yeux !

Dans le système de l'indisponibilité, il est certainement impossible de confondre l'incapacité qui atteint la personne et l'indisponibilité qui grève le bien. La

(1) Demolombe, *Revue de législat.*, 1835, p. 282 et suiv. ; — Troplong, *op. citat.*, t. IV, nᵒˢ 3312 et 3313 ; — Mongin, *Revue critique*, 86, t. XV, p. 92-170.

(2) Labbé, *Revue critique*, 1856, t. IX, p. 1 et suiv. ; — Bertauld, *Questions pratiques et doctrinales*, t. I, nᵒ 656 ; — Valette, *Mélanges de droit, de jurisprud. et de législ.*, t. I, p. 514 et suiv.; — Gide, *Condition privée de la femme* ; Edit. Esmein, p. 449 et suiv. ; — De Loynes, *Revue critique*, 82, t. XI, p. 541 et suiv.; — Guillouard, *op. citat.*, t. IV, nᵒ 1836 ; — Jouitou, *Du régime dotal sous le code civil*, nᵒ 56.

première tient à des causes personnelles à celui qui en est frappé ; la seconde est fondée sur des causes étrangères à la personne du disposant. Dans le système de l'incapacité, les deux incapacités présentent des différences profondes. L'incapacité de droit commun atteint toutes les femmes mariées, quel que soit le régime matrimonial ; elle est générale et concerne tous les biens ; créée dans l'intérêt de la puissance maritale, l'autorisation du mari suffit, pour en annihiler les effets et rendre la femme capable. L'incapacité dotale au contraire n'atteint que la femme mariée sous le régime dotal, ou plutôt celle qui a inséré dans son contrat de mariage une clause de dotalité ; de plus, elle ne concerne que les biens dotaux, et laisse libres les paraphernaux ; enfin, l'autorisation du mari est impuissante à rendre la femme capable parce que l'inaliénabilité dotale a été stipulée dans l'intérêt de la femme qui a voulu dans son contrat se mettre en garde contre ses propres entraînements. L'autorisation du mari relève la femme de l'incapacité dont elle est frappée comme épouse, mais elle ne lève pas l'obstacle résultant de l'inaliénabilité. La femme séparée, quoique désormais capable, ne pourra néanmoins faire seule les actes qu'elle n'aurait pu faire même avec l'autorisation du mari.

D'autre part, comment assimiler à ce point de vue le divorce et la séparation ? Le divorce anéantit le mariage, et avec lui le régime matrimonial dont l'effet est borné à la durée du mariage lui-même, d'où le terme mis par le divorce à l'incapacité dotale ; mais, la séparation au contraire laisse subsister le mariage, et place les époux sous le régime de la séparation de biens. Sans doute, il est vrai de dire aujourd'hui, que la femme séparée de corps est capable, mais cela n'a et ne doit avoir aucune influence sur l'inaliénabilité de la dot ; car c'est la dissolution du mariage et non la capacité de la femme qui supprime, en cas de divorce, la dotalité et ses conséquences, et cette solution est raisonnable. L'inaliénabilité qui n'a été créée que pour assurer au ménage les ressources continuellement nécessaires, n'a plus de raison d'être lorsque le mariage a été anéanti par le divorce, tandis qu'en cas de séparation, le mariage survit, quoique relâché, avec ses besoins et les obligations réciproques entre époux ; la dotalité n'a d'autre but que d'y faire face.

Ajoutons qu'il y aurait à supprimer la dotalité au cas de séparation de corps, ce grave inconvénient, c'est que la fraude serait à craindre. En effet, il serait possible à des époux qui regretteraient d'avoir limité leur liberté d'obtenir frauduleusement un jugement de séparation de corps ; puis, après avoir aliéné le bien dotal, de se réconcilier et de reprendre la vie commune.

La conclusion ne peut donc faire aucun doute : la femme séparée de corps recouvre sa capacité, sauf en ce qui concerne les biens dotaux qui restent inaliénables comme par le passé. La femme séparée reste incapable d'aliéner directement ou indirectement le fonds

dotal qui demeure insaisissable ; seule l'imprescriptibi-
lité disparaît par suite de la séparation de biens qu'entraîne accessoirement la séparation de corps (art. 1561,
C. civ.).

La loi a cependant apporté des exceptions nombreuses au principe de l'inaliénabilité dotale sous la condition de l'autorisation du mari ou de justice. Faut-il
décider encore dans ces différentes hypothèses que
l'autorisation est nécessaire ?

Les exceptions dont s'agit sont énoncées dans les
articles 1555 à 1559 du Code civil.

1° ART. 1555. — « La femme peut, avec l'autorisation
de son mari ou sur son refus avec permission de justice, donner ses biens dotaux pour l'établissement des
enfants qu'elle aurait d'un mariage antérieur ; mais si
elle n'est autorisée que par justice, elle doit réserver la
jouissance à son mari. »

2° ART. 1556. — « Elle peut aussi avec l'autorisation
de son mari donner ses biens dotaux pour l'établissement de leurs enfants communs. »

3° ART. 1557. — « L'immeuble dotal peut être aliéné
lorsque l'aliénation en a été permise par le contrat de
mariage. »

4° L'immeuble dotal peut encore être aliéné dans les
cinq cas limitativement énumérés par l'article 1558 ;
dans ces cas la vente est faite par la femme propriétaire ; la justice doit l'y autoriser, et son rôle se borne
à constater si les conditions de la loi sont bien rem-

plies ; si le mari ne donne pas son consentement, la femme ne peut aliéner que la nue propriété (1).

5° Enfin, l'échange de l'immeuble dotal est permis sous certaines conditions ; comme dans les cas précédents l'autorisation de justice est nécessaire (art. 1559).

Quelles règles convient-il d'appliquer dans chacun de ces cas ? Les autorisations du mari ou de justice sont-elles encore exigées ?

Mettons immédiatement de côté le cas où l'aliénation est permise par contrat de mariage (art. 1557) ; la nécessité de l'autorisation n'existe ici qu'en vertu du principe ordinaire de l'article 217. La femme séparée de corps doit en être affranchie.

Pour les autres, la question est plus délicate. Dans les documents parlementaires, nous ne trouvons rien que ce passage du rapport de M. Arnault : « La femme reprend toute sa liberté même d'aliénation sauf pour les biens dotaux qui restent inaliénables, conformément à l'article 1561 (plus exactement 1554) du Code civil,

---

(1) Article 1558, C. civ. L'immeuble dotal peut encore être aliéné avec permission de justice et aux enchères, après trois affiches : pour tirer de prison le mari ou la femme ; pour fournir des aliments à la famille dans les cas prévus par les articles 203, 205 et 206 au titre du mariage ; pour payer les dettes de la femme ou de ceux qui ont constitué la dot, lorsque ces dettes ont une date certaine antérieure au contrat de mariage ; pour faire de grosses réparations indispensables pour la conservation de l'immeuble dotal ; enfin, lorsque cet immeuble se trouve indivis avec des tiers et qu'il est reconnu impartageable. Dans tous ces cas, l'excédent du prix de la vente au-dessus des besoins reconnus restera dotal, et il en sera fait emploi comme tel au profit de la femme.

avec les exceptions prévues en l'article 1558 où l'autorisation de justice demeure nécessaire (1). »

En ce qui concerne les articles 1558 et 1559, telle est bien, en effet, selon nous, l'exacte solution. La justice est appelée à donner ici une homologation plutôt qu'une autorisation. Son rôle n'est pas de protéger la femme, mais uniquement de rechercher si l'aliénation projetée rentre dans l'une des catégories énumérées par la loi. Dans ces conditions, l'autorisation de justice a toute son utilité avant comme après la séparation de corps. Elle devait donc être maintenue.

Enest-il de même dans les cas prévus par les articles 1555 et 1556 ? C'est ici qu'apparaissent les difficultés. Dans les cas prévus par ces articles, en effet, l'autorisation du mari est principale, la justice n'intervient, dans le premier cas qu'au refus du mari, et dans le second, elle ne peut même pas suppléer à ce refus. L'autorisation du mari sera-t-elle encore nécessaire ou indispensable lorsque la femme séparée voudra aliéner un bien dotal pour l'établissement de ses enfants ?

Dans le sens de la négative, on peut dire que M. Arnault, dans son rapport, ne mentionne que l'exception de l'article 1558. C'est donc que pour les autres le Code civil est modifié. Ce silence du rapporteur est significatif : il établit que, dans sa pensée, l'autorisation est inutile dans les cas autres que ceux de l'article 1558. Telle

____

(1) Arnault, Rapp. *J. Off.*, Chambre, *Doc. parlement.*, 1887, p. 440.

est d'ailleurs l'opinion qu'il a soutenue après la promulgation de la loi, et dont il a développé les conséquences suivantes : « 1° La femme dotale, séparée de corps, pourra aliéner ou hypothéquer les immeubles constitués en dot pour l'établissement des enfants communs, et ce en pleine propriété (art. 1556) ; 2° elle pourra les donner pour l'établissement des enfants qu'elle aurait d'un mariage antérieur, mais en nue propriété seulement (art. 1555), car la réconciliation pourrait les faire rentrer sous la jouissance du mari ; 3° elle pourra les aliéner avec autorisation de justice dans les cas prévus aux articles 1558 et 1559 » (1).

Voici quelle paraît être la pensée de M. Arnault : « La femme séparée, dit-il, reste mariée et quoique capable désormais, elle ne pourra néanmoins pas faire seule les actes qu'elle ne pouvait faire même avec l'autorisation de son mari ». Mais (faut-il ajouter pour compléter sa pensée) elle pourra faire seule les actes qu'elle pouvait faire avec l'autorisation du mari. Le principe ainsi complété, paraît bien être celui qui a guidé M. Arnault, et il explique les conclusions auxquelles il arrive. Dans les cas prévus aux articles 1558 et 1559, l'autorisation maritale était impuissante à habiliter la femme ; la situation n'est pas changée. Mais, dans les articles 1555 et 1556, l'autorisation maritale était suffisante ; la loi nouvelle la supprime, donc la femme est capable. On

____

(1) Arnault, *Examen de la loi du 6 février 1893* (*Extr. des mémoires de l'Académie de législat. de Toulouse*), p. 49.

peut encore ajouter que le maintien de la puissance maritale pour l'aliénation des biens dotaux aliénables par exception, comme pour celle des biens non dotaux, engendre les mêmes abus, les mêmes lenteurs, les mêmes vexations et les mêmes inconvénients. La femme séparée doit donc à ce point de vue, selon M. Arnault, recouvrer son entière capacité (1).

La solution contraire nous paraît cependant meilleure au point de vue juridique. Du moment qu'on n'a pas voulu toucher au régime dotal, à ses caractères principaux, aux garanties qu'il confère, il faut le garder en bloc, principe et exceptions. Celles-ci font partie du régime dotal stipulé, elles doivent suivre le même sort. « Si la qualité de femme dotale, dit M. Cabouat, est déclarée indélébile pour la femme séparée de corps, n'est-il pas naturel d'admettre qu'elle demeure soumise à la dotalité avec tous les effets que comporte cette situation exceptionnelle, tels qu'ils sont fixés par des textes qui n'ont été l'objet d'aucune abrogation expresse ou tacite (2). »

Les principes juridiques imposent d'ailleurs cette solution. Quand le mari autorise l'aliénation d'un bien dotal, la nature de cette autorisation est tout autre qu'en cas d'aliénation d'un bien non dotal. Elle offre

---

(1) V. également en ce sens Margat, *Étude de la loi du 6 février 1893*, p. 89 et suiv.

(2) Cabouat, *Explicat. de la loi*, p. 68 ; *Adde*, Thiénot, *Revue critique*, 1893 ; Sarrand, *Comment. de la loi*, p. 151 et suiv.

un double caractère : tout d'abord, elle sert à habiliter la femme incapable en tant que femme mariée ; mais elle est aussi, et c'est peut-être là son caractère essentiel, un consentement donné par le mari. Il ne faut pas oublier, en effet, que l'inaliénabilité dérive du contrat de mariage et que le mari a été partie au contrat ; il a droit comme tout contractant au maintien de la convention, et quand il s'agit d'y porter atteinte par l'aliénation d'un bien dotal, le consentement des co-stipulants, du mari par conséquent, est nécessaire. La loi nouvelle a bien pu supprimer la nécessité de l'autorisation, en tant qu'autorisation maritale dérivant de l'article 217 que la loi impose aux époux, mais non en tant que consentement que le mari s'était, par contrat de mariage, réservé le droit de donner ou de refuser.

Notre conclusion est donc que l'autorisation reste nécessaire dans les cas des articles 1555 et 1556. Sans doute les inconvénients déjà signalés de l'autorisation maritale après la séparation vont apparaître encore, et le législateur aurait dû s'occuper de cette situation. Cependant, il ne faut rien exagérer, car ce résultat est dû à une clause insérée par les époux dans leur contrat ; la femme ne peut s'en prendre qu'à elle-même de ce résultat. D'ailleurs, dans le cas où il s'agit de l'établissement des enfants communs, il est à espérer que le père fera passer l'amour paternel avant les rancunes conjugales.

Un dernier point nous reste à résoudre. Nous savons

que le mari a, pendant le mariage, l'usufruit des biens dotaux. Dans les cas exceptionnels où l'aliénation de ces biens est permise, et où l'autorisation de justice est suffisante (art. 1555 et 1558), le mari, qui refuse son consentement à l'aliénation, ne peut être privé de son droit d'usufruit. La question se pose maintenant de savoir si la femme séparée de corps, dans les cas où l'aliénation des biens dotaux est permise, peut disposer de la pleine propriété ou si, au contraire, elle doit laisser l'usufruit au mari.

A notre avis, la femme peut aliéner la pleine propriété. Elle le pourra dans le cas de l'article 1558 avec la seule autorisation de justice. Dans le cas de l'article 1556, la question ne se pose pas pour nous, qui avons admis la nécessité d'une autorisation du mari même après la séparation. Dans l'opinion de M. Arnault, qui supprime toute autorisation, l'aliénation de l'usufruit est possible. Dans le cas prévu par l'article 1555, nous avons maintenu l'autorisation du mari et, à son défaut, celle de justice ; la femme séparée pourra avec cette dernière disposer de la pleine propriété. M. Arnault qui supprime toute autorisation, dans ce cas, aurait dû, par analogie avec la solution qu'il adopte dans le cas de l'article 1556, admettre l'aliénation de la totalité de l'immeuble ; il en est autrement : la femme séparée, dit-il, « pourra donner les biens dotaux pour l'établissement des enfants qu'elle aurait d'un mariage antérieur, mais en nue propriété seulement, car la ré-

conciliation pourrait les faire rentrer sous la jouissance
du mari » (1).

Nous considérons au contraire que la femme séparée
de corps peut, en aliénant les biens dotaux, dans les cas
où cette aliénation est permise, disposer de l'usufruit.
En effet, par la séparation, le régime dotal, sauf l'inaliénabilité, a disparu. La réconciliation des époux est
possible, mais peu probable ; si elle a lieu, il est fort
possible qu'elle ne rétablisse pas le régime primitif.
Pour un intérêt éventuel et éloigné du mari, on ne peut
réduire la femme à aliéner la nue propriété seulement,
à ne faire que des aliénations provisoires et incertaines
de la jouissance. Enfin, si la réconciliation se produit,
si le régime primitif est rétabli, ce n'est que sauf les
droits acquis aux tiers. La femme n'est donc pas tenue
de réserver au mari la jouissance des biens dotaux et
peut disposer de la pleine propriété sans le consentement du mari dans les cas exceptionnels où cette aliénation est permise.

(1) Arnault, *op. citat.*, p. 49.

CHAPITRE II

ACTES RELATIFS A LA PERSONNE.

D'une façon générale, la loi de 1893 a rendu à la femme séparée de corps son entière capacité civile ; la loi ne faisant aucune distinction, le principe nouveau est donc applicable même aux actes qui sont de nature à rejaillir sur la personnalité de la femme, à engager sa personne, à modifier son état, à compromettre sa dignité. C'est de ces actes que nous allons maintenant nous occuper. Nous diviserons ce chapitre en cinq paragraphes : dans le premier, nous traiterons du domicile de la femme séparée de corps ; dans le second, du droit de faire le commerce ; dans le troisième, du changement de nationalité ; dans le quatrième, du louage de services et de quelques autres contrats intéressant la personne de la femme ; dans le cinquième, du droit pour la femme d'entretenir une correspondance en dehors de la surveillance du mari.

§ 1. — Domicile de la femme séparée de corps.

La femme mariée n'a pas d'autre domicile, dans le sens légal du mot, que celui de son mari (art. 108). Mais la femme séparée de corps, étant formellement autorisée

par le jugement de séparation à habiter séparément de
son mari, acquiert par là même un domicile propre distinct de celui de ce dernier. C'est ce qui résulte de l'article 1ᵉʳ de la loi du 6 février 1893 : « La femme séparée
de corps cesse d'avoir pour domicile légal le domicile
de son mari. Néanmoins, toute signification faite à la
femme séparée, en matière de questions d'état, devra
également être adressée au mari, à peine de nullité. »

La loi nouvelle, en accordant à la femme séparée de
corps un domicile différent de celui de son mari, n'a
fait que reproduire la solution généralement admise
dans l'ancien droit. « La séparation de corps, disait
Bouhier, donne à la femme la liberté d'aller habiter où
il lui plaira ; elle a donc le droit de se choisir un nouveau domicile ; ainsi, cela dépend de sa volonté, de laquelle on juge à cet égard comme de celle de toute autre
personne (1). » Pothier de son côté écrivait : « Lorsqu'il
y a séparation d'habitation prononcée par un jugement
qui n'est suspendu par aucun appel, ni opposition, la
femme est par là déchargée de l'obligation de demeurer
avec son mari, et elle a le droit en conséquence de
s'établir où elle voudra, un domicile qui lui sera propre (2). » Cette solution n'était pas cependant admise
par tous. Le premier président Lamoignon était d'avis
que la femme séparée de corps, en quelque lieu qu'elle

____

(1) *Observat. sur la coutume de Bourgogne*, chap. XXII, p. 201.
(2) *Contrat de mariage*, n° 522 ; *Introduction aux coutumes*, chap. I,
n° X.

habitât, devait être considérée comme ayant conservé le domicile qu'avait son mari au jour de la séparation (1).

Sous l'empire du Code civil, en l'absence de texte, la controverse a continué. Certains auteurs, comme Merlin et Zachariæ, attribuaient à la femme séparée le domicile du mari (2). La communauté de domicile, disaient-ils, dérive de l'incapacité de la femme mariée, de la puissance maritale, qui survivent après la séparation de corps. De plus, l'article 108 déclare que « la femme mariée n'a pas d'autre domicile que celui de son mari ». Or, la femme séparée est toujours femme mariée ; elle a donc, après comme avant la séparation, le même domicile que son mari.

L'opinion contraire, à notre avis, était plus conforme au motif véritable qui a fait attribuer à la femme le domicile du mari. « On oublie, disent MM. Aubry et Rau, que l'article 108 est bien moins un effet immédiat et direct de l'autorité maritale, que la conséquence de l'obligation imposée à la femme d'habiter avec son mari. Et voulût-on admettre que cette obligation est elle-même une suite de l'autorité maritale, on serait toujours forcé de reconnaître que la puissance du mari est, sous ce rapport, modifiée par la séparation de corps(3). » La femme séparée n'est plus obligée d'habiter avec

(1) *Arrétés*, titre I, art. 16.
(2) Merlin, *Répert.*, V° *Domicile*, § 5.-1 ; Zachariæ, t. I, p. 280.
(3) Aubry et Rau, I, § 143, p. 580, note 5. — *Adde* en ce sens : Demolombe, t. IV, n° 499 ; Laurent, t. II, n° 85 ; Demante, t. I, n° 132 *bis*; Massol, *op. cital.*, p. 269 et suiv. — Dijon, 24 janvier 1872, D. 73.2. 13 et sur pourvoi, Cass. req., 19 août 1872, D. 73. I. 474.

son mari, donc elle n'a plus nécessairement le même domicile. Comment sans contradiction affranchir la femme de l'obligation d'habiter avec son mari et lui imposer en même temps le domicile de ce dernier?

Cette solution se trouve confirmée par les paroles du rapporteur Mouricault au Tribunat : « Ainsi, dit-il, la femme mariée que le devoir tient auprès du mari, qui n'en peut être légitimement éloignée que par la séparation de corps, le divorce ou la mort.... n'a pas d'autre domicile légal que le domicile marital (1). » Si la femme est légitimement éloignée de son mari par la séparation de corps, elle cesse d'avoir pour domicile légal le domicile de son mari. Cette exception à la règle générale semble bien résulter de ce passage du rapport au Tribunat.

Au surplus, il convient de remarquer que ces expressions générales « femme mariée », insérées dans l'article 108, n'ont pu, dans la pensée du législateur, comprendre la femme séparée de corps. A l'époque où cet article fut voté, la séparation de corps n'existait plus (loi de 1792) et on ne savait encore si elle serait rétablie.

De plus rien n'indique que le législateur ait voulu rompre avec la tradition de l'ancien droit ; il avait d'autant moins de raisons de s'en écarter qu'il peut y avoir des inconvénients très graves à imposer à la femme séparée le domicile de son mari.

____

(1) Rapport au Tribunat, Locré, II, p. 186, n° 12.

La jurisprudence adopta de bonne heure ce second système, et l'on pouvait considérer comme acquis que la femme séparée de corps cessait d'avoir pour domicile légal le domicile de son mari. La femme séparée de corps pouvait donc acquérir un domicile personnel, le choisir comme elle l'entendait, le modifier à sa convenance. Une seule restriction était apportée à son droit. Le mari pouvait demander aux tribunaux d'interdire à la femme de conserver le domicile qu'elle avait choisi, s'il y avait lieu de craindre que ce domicile ne lui donnât de trop grandes facilités pour méconnaître son devoir de fidélité et compromettre l'honneur du nom. « Le devoir de fidélité, dit le tribunal de Castelsarrazin, écarte toute situation compromettante, ainsi que les apparences d'une vie déréglée ; et l'obligation d'assistance et de secours implique contradiction avec le dommage moral porté par l'épouse à son mari quand elle manque au respect qu'elle doit au nom qu'elle porte, et qu'elle se montre peu soucieuse des soupçons d'immoralité qu'un logement de son choix peut soulever contre elle (1). » Sauf cette restriction, la femme avait le droit absolu de fixer son domicile où elle voulait.

La loi nouvelle n'a donc fait que consacrer législativement le système déjà admis par la jurisprudence.

« Je rappellerai au Sénat, a dit M. Pâris, qu'il est aujourd'hui enseigné par l'unanimité des auteurs, admis

(1) Tribunal Castelsarrazin, 8 avril 1864, D. 64.3.46, et sur appel Toulouse, 29 juin 1864, D. 64.2.174.

par la jurisprudence de toutes les Cours d'appel, ainsi que par la Cour de cassation (arrêt du 19 août 1872), que la femme séparée de corps a son domicile propre, complètement distinct du domicile du mari. Que la commission vous demande de consacrer législativement cette doctrine et cette jurisprudence, je n'y vois pas d'inconvénient (1). »

Il est trop clair que la femme ne peut pas être censée raisonnablement présente et avoir son principal établissement en un lieu où elle n'a plus le droit d'habiter et d'être reçue tant qu'il n'y a pas réconciliation.

Le domicile de la femme séparée de corps sera donc déterminé, comme celui de la femme non mariée, conformément aux principes généraux. Si la femme est majeure, elle l'établira où bon lui semblera, en observant les dispositions des articles 103 et 104. Il en sera de même si elle est mineure parce qu'elle est émancipée par mariage et que l'article 108, alinéa 2, n'attribue le domicile des père et mère ou tuteur qu'au mineur non émancipé. Si la femme séparée est interdite, elle aura pour domicile celui de son tuteur. Si elle est en service chez autrui, celui de ses maîtres (art. 109).

A ce principe que la femme séparée de corps a le choix de son domicile, la jurisprudence apportera sans doute encore la restriction antérieurement consacrée, restriction fondée sur des considérations morales, sur le devoir de fidélité qui subsiste après la séparation.

(1) *J. Off.*, Sénat, *Déb. parlement.*, 1887, Séance du 18 janvier.

En résumé, le système de la jurisprudence est devenu le système légal. Il faut l'appliquer aujourd'hui comme il était appliqué autrefois.

Le second alinéa de l'article 1er de la loi nouvelle apporte au principe posé par le premier alinéa une réserve importante dont nous rappelons de nouveau les termes. « Néanmoins toute signification faite à la femme séparée en matière de questions d'état devra également être adressée au mari, à peine de nullité. »

La jurisprudence en accordant à la femme un domicile personnel imposait cependant aux tiers une double notification des actes de procédure intéressant la femme ; ils devaient avertir le mari et le mettre en cause par une signification faite à son domicile. C'était une conséquence du principe de l'incapacité de la femme séparée ; celle-ci ne pouvant plaider, ester en justice sans l'autorisation maritale, il était nécessaire que le mari fût tenu au courant de la procédure (1).

Aujourd'hui la femme est capable. C'est la solution contraire qui s'impose. La femme peut plaider seule sans autorisation ; elle a donc seule qualité pour recevoir signification des actes de procédure. Pourquoi as-

---

(1) Garsonnet, *Cours de procédure*, t. II, p. 151, note 13. La proposition de la commission du Sénat exigeait que toute signification faite à la femme séparée de corps fût en outre également adressée au mari. Voici le texte auquel elle s'était arrêtée : « La femme séparée de corps cesse d'avoir pour domicile légal le domicile de son mari. Néanmoins toute signification faite à la femme, devra également être adressée au mari à peine de nullité. »

socier le mari à une instance qu'il ne peut plus diriger, à laquelle il n'a pas qualité pour intervenir? Cette solution résulte du texte même. « Si le mari ne doit recevoir communication des actes signifiés à sa femme qu'autant qu'ils se réfèrent aux débats élevés sur une question d'état, nous en conclurons *a contrario* que la femme peut en principe ester en justice sur toute autre question, sans que son adversaire ait d'autre obligation que de lui signifier, et non au mari, les actes de la procédure (1). »

C'est en matière de questions d'état qu'une signification doit être adressée au mari. Cette exception est facile à justifier. Le résultat de ces sortes de débats peut être de modifier gravement le statut, la condition, la personnalité de la femme, de compromettre même sa dignité, l'honneur du mari et de la famille. Il était nécessaire de fournir au mari le moyen d'intervenir. « Mais il peut arriver, a dit le rapporteur de la loi au Sénat, que des notifications soient faites à la femme, intéressant la famille qui n'est pas dissoute et dont il importe que le mari ait connaissance. Nous avons, en conséquence, ajouté à la proposition que toute notification qui serait adressée à la femme, devrait être également adressée au domicile du mari. Ici, se présente une première difficulté et un amendement a été déposé sur ce point par M. Pâris qui demande la suppression

____

(1) Cabouat, *Explicat. de la loi*, p. 72.

de cette notification obligatoire au mari. M. Pâris est sous ce rapport absolument d'accord avec le projet même du Conseil d'Etat qui a supprimé cette exigence. La délibération de l'avis du Conseil d'Etat n'indique pas le motif de cette suppression, mais il est facile de le deviner : le Conseil d'Etat a rendu à la femme séparée la capacité entière et complète au point de vue de ses biens. D'où la conséquence évidemment pour le Conseil d'Etat, qu'il n'y a plus à prévoir la possibilité des notifications qui pourraient être adressées à la femme absolument émancipée et affranchie du contrôle du mari. Le Conseil d'Etat est, à mon sens, allé trop loin. Il est manifeste qu'il y a des questions d'une nature particulière qui pourraient toujours surgir, même quand la femme aurait l'administration pleine et entière de ses biens et qu'il est impossible de passer sous silence. Ainsi même avec cette indépendance complète que le Conseil d'Etat attribue à la femme, il y a des questions d'un ordre plus élevé qni peuvent surgir dont il est impossible que le mari ne soit pas saisi à son tour, dans l'intérêt supérieur de la famille qui est encore debout, dans l'intérêt des enfants. Ainsi supposez qu'un procès soit engagé avec la femme séparée, touchant pour elle à une question d'état. Supposez qu'on vienne contester l'acte d'adoption dont elle a été l'objet ou bien sa reconnaissance et sa légitimation. Est-ce qu'il est possible qu'un pareil débat s'engage entre la femme et ses contradicteurs sans que le mari soit averti et puisse entrer dans

la cause ? Il est incontestable que même dans le cas où
la femme a la complète et entière administration de ses
biens, il y aura toujours une réserve à introduire, relativement à la connaissance que devra avoir le mari de
certains litiges d'une nature supérieure (1). »

Ce passage indique bien quelle a été la pensée du législateur ; il nous montre également ce qu'il faut entendre par questions d'état. M. Allou cite l'adoption, la
reconnaissance, la légitimation. M. Arnault ajoute l'action en réclamation d'état, intentée par une personne
qui prétend être l'enfant de la femme séparée (2). Cette
énumération n'est pas limitative, et l'expression « questions d'état », comprend toute demande « d'une nature
supérieure », toute question pouvant exercer une influence sur la personnalité juridique de la femme. C'est
ainsi que la question de nationalité doit rentrer dans
cette catégorie. Si des tiers contestent la nationalité
dont se prévaut la femme séparée, ils devront signifier
leur demande au mari. Un auteur, M. Sarrand, fait cependant exception au cas où les tiers, reconnaissant à la
femme la nationalité qu'elle s'attribue, soutiendraient
simplement que la femme, en changeant de nationalité,
a agi par fraude et se contenteraient de demander que
l'acte frauduleux ne leur fût pas opposable. Il semble
bien en effet que, dans ce cas, rien ne soit changé à
l'état de la femme ; l'acte frauduleux est annulé et rien

(1) Sénat, *Débats parlem.*, séance du 18 janv.-1887.
(2) Arnault, *Exam. de la loi*, p. 19.

de plus ; le mari n'a pas à intervenir ; il n'y a pas de question d'état, mais une action en nullité d'acte.

La femme séparée de corps peut donc agir en justice, exercer toutes actions sans que le mari ait à intervenir ou même doive être simplement prévenu. Une seule exception est apportée à cette règle en matière de questions d'état parce que celles-ci sont de nature à rejaillir sur le mari et sur la famille ; par suite le mari doit être mis à même de surveiller la marche du procès par une signification des actes de la procédure qui y sont relatifs (1).

§ 2. — Du droit de faire le commerce.

La femme séparée de corps a-t-elle actuellement le droit de faire le commerce seule et sans autorisation ? Avant de résoudre cette question, il nous paraît utile d'examiner l'état de la doctrine et de la jurisprudence sur ce point avant la loi du 6 février 1893.

Aux termes de l'article 4 du Code de commerce, « la femme ne peut être marchande publique sans le consentement de son mari ». Cette règle s'explique aisément si l'on songe aux conséquences que peut entraîner

______

(1) M. Surville regrette que le législateur n'ait pas cru devoir généraliser davantage la disposition finale de l'article 108. « Pourquoi donc, dit-il, ne pas avoir admis que, dans l'intérêt même de la famille, tous les actes judiciaires adressés à la femme séparée devraien t être notifiés au mari ? Cette solution n'eût-elle pas été plus rationnelle ? » (*Revue crit.*, 1893, p. 229-230).

l'autorisation concédée à la femme de faire le commerce.

L'article 220 du Code civil nous dit en effet que, si elle est marchande publique, elle peut s'obliger seule pour tout ce qui concerne son négoce.

L'article 5 du Code de commerce reproduit cette disposition et l'article 7 du même Code ajoute : « Les femmes marchandes publiques peuvent également engager, hypothéquer, aliéner leurs immeubles. Toutefois, leurs biens stipulés dotaux, quand elles sont mariées sous le régime dotal, ne peuvent être hypothéqués, ni aliénés que dans les cas déterminés et sous les formes réglées par le Code civil. » En définitive, le mari a la faculté, par dérogation à l'article 223 du Code civil, d'habiliter au moyen d'une autorisation générale sa femme à faire le commerce, et celle-ci, sauf la restriction de l'article 7, *in fine*, du Code de commerce, est, pour tout ce qui regarde son négoce, assimilée de tous points à une femme majeure non mariée. S'il en avait été autrement, elle aurait éprouvé des difficultés souvent insurmontables pour trouver le crédit nécessaire à ses opérations et, dans la plupart des cas, les tiers n'auraient pas consenti à traiter avec elle.

Le principe ainsi posé devait, avant la loi de 1893, recevoir application même dans l'hypothèse d'une séparation de corps. « Une entreprise commerciale, a-t-on dit, comporte une série de contrats, d'obligations, d'actes complexes, imprévus, de spéculations plus ou moins

aléatoires. Elle ne saurait en conséquence être considérée comme rentrant dans les pouvoirs d'administration. Le Code de commerce au surplus n'établit aucune
distinction , et ce n'est pas par oubli, puisqu'après
avoir indiqué (art. 4) la nécessité de l'autorisation du
mari en thèse générale, il prévoit dans l'article 5 les
conséquences de cette autorisation sous différents régimes (1). » Par ces raisons, nous estimons que sous
l'empire du Code civil, l'autorisation n'existait pas de
plein droit, pour la femme séparée, et que le jugement
de séparation n'avait pas pour résultat immédiat et
certain de l'habiliter à faire un commerce distinct de
celui de son mari. L'article 1449 du Code civil n'énumère point, parmi les effets de la séparation, cet effet
que certains auteurs voulaient lui faire produire (2) et il
nous semble qu'il était absolument impossible de suppléer ici au silence de la loi (3).

La seule question vraiment douteuse était celle de
savoir si la justice, tout au moins lorsqu'il y avait séparation de corps, ne pouvait pas au refus du mari autoriser la femme à faire le commerce. Une jurisprudence
constante décidait que le recours aux tribunaux était
de droit pour la femme, et que celle-ci, conformément
au principe général de l'article 219, avait la faculté de
s'adresser à la justice pour en obtenir l'autorisation de

(1) Vraye et Gode, *Le divorce et la séparation de corps*, 2ᵉ édit., II,
n° 790.
(2) Dutruc, *Traité de la séparation de biens*, n° 371.
(3) Alauzet, *Comment. C. comm.*, I, n° 59.

faire le commerce, en cas de refus arbitraire d'autorisation de la part du mari (1).

Voyons maintenant quelles solutions il convient d'admettre depuis la loi de 1893. En l'absence de texte précis, nous considérons que de multiples considérations permettent de déclarer la femme séparée pleinement capable de faire le commerce.

Tout d'abord cette innovation rentre bien dans l'esprit général de la réforme. Le législateur a voulu réprimer les abus du pouvoir marital. Ces abus ne sont-ils pas les mêmes, qu'il s'agisse de solliciter l'autorisation de faire le commerce ou d'accomplir un acte juridique quelconque. On peut objecter, il est vrai, que la femme va se trouver en rapport avec le public, que sa considération peut en souffrir, et que, par suite, il serait bon de permettre au mari ou à la justice d'exercer leur contrôle. Mais on répond que, dans la plupart des cas, la femme gagnera sa vie d'une façon très honorable ; certes, il est possible que sa conduite donne lieu à critique et que le mari ait à en souffrir, mais ce n'est là qu'un péril problématique, et la loi doit être générale. D'ailleurs, le mari n'a-t-il pas la ressource de faire interdire à la femme de porter son nom en vertu de l'article 3, alinéa 1ᵉʳ, de la loi nouvelle. Il n'aura plus rien de commun avec celle-ci, et le déshonneur ne rejaillira pas sur lui.

____

(1) Caen, 4 décembre 1844, D. 45.2.470; Grenoble, 27 janvier 1863, S. 63.2.279.

D'autre part, le mari peut-il craindre pour lui-même la faillite de la femme ? La loi nouvelle admet en principe que désormais la femme a les mêmes aptitudes, la même capacité que l'homme ; son sexe n'est même plus contre elle une présomption de faiblesse et d'inexpérience des affaires. La faillite n'est pas plus à craindre pour la femme que pour l'homme. Et si cette éventualité se réalise, le mari n'a pas à en souffrir ; son nom ne sera pas compris dans la faillite s'il a pris des mesures en conséquence.

Enfin, on peut relever dans les travaux préparatoires de la loi de 1893 un passage de la discussion intéressant au point de vue qui nous occupe. Le 25 janvier 1887, alors que M. Lenoël venait d'exposer les raisons qui devaient, suivant lui, faire adopter l'amendement Bardoux, M. Denormandie lui adressa l'observation suivante : « Vous venez de rappeler la situation de la femme séparée au regard des autorisations dont elle a besoin pour ester en justice, dans l'exercice quotidien de son administration. Or, j'ai donné à la commission une indication qui m'a paru rencontrer faveur. On proposerait au Sénat, quand il aura statué sur l'amendement qui lui est soumis, d'accorder à la femme séparée la faculté de faire le commerce et d'ester en justice pour les besoins courants de son commerce, comme aussi pour les nécessités de son administration, et ce sans avoir besoin de recourir ni à son mari ni au tribunal (1). » Voilà le langage tenu par M. Denormandie, l'un des membres les plus autorisés de la commission, l'un des adversaires les plus décidés de l'amendement Bardoux, comme de la restitution à la femme séparée de corps de la pleine capacité civile. Il admettait cependant que, dans le cas où l'amendement Bardoux serait repoussé, on pût accorder à la femme séparée le droit notamment de faire le commerce, seule et sans autorisation. Or, ce n'est pas le système de la commission du Sénat, ce n'est pas même le système de l'amendement Bardoux qui a fini par triompher, c'est le système le plus large, le plus libéral, celui de la restitution à la femme séparée de corps du plein exercice de la capacité civile. Nous sommes d'avis que, dans la pensée des auteurs de la loi, la capacité de la femme séparée de corps devait s'étendre au droit de faire le commerce.

§ 3. — Droit de changer sa nationalité.

Lorsque la séparation de corps a été prononcée, la femme, nous le savons, peut transporter son domicile où bon lui semble, même en pays étranger. Une question intéressante est celle de savoir si elle pourra, sans l'autorisation de son mari, acquérir, en se faisant naturaliser dans ce pays, la nationalité étrangère.

Avant la loi de 1893, deux systèmes divisaient la doctrine sur ce point. Certains auteurs refusaient formelle-

______

(1) *J. off.*, *Déb. parlement.*, séance du 25 janvier 1887.

ment à la femme séparée de corps la faculté de se faire naturaliser à l'étranger sans l'autorisation de son mari ou de justice. La femme mariée, disaient-ils, demeure, quoique séparée de corps, sous le principe de l'autorité maritale. Elle recouvre, il est vrai, l'administration de sa fortune et peut vendre ses meubles corporels, accomplir des actes conservatoires librement et sans autorisation. Mais, l'administration de ses biens et l'aliénation de son mobilier sont les seuls actes pour lesquels l'article 1449 du Code civil affranchisse la femme séparée de corps de la nécessité de l'autorisation maritale. Cette autorisation est certainement maintenue pour les actes plus importants, et notamment pour ceux qui, comme la naturalisation, sont susceptibles de modifier le statut personnel de la femme (1).

D'autres auteurs estimaient au contraire que la femme séparée pouvait, sans aucune autorisation, se faire naturaliser à l'étranger. Voici les principales raisons qu'ils invoquaient. L'unité de nationalité et l'unité de foyer domestique sont deux idées essentiellement corrélatives. Or, la séparation de corps fait cesser l'unité de domicile ; la femme peut, sans inconvénient, acquérir avec un domicile distinct, une loi spéciale et un statut personnel particulier. Elle peut en outre s'expatrier sans le consentement de son mari, et même aller dans un pays où la naturalisation résulterait de plein droit de

(1) V. Labbé, *J. du droit international privé*, 1875, p. 409, 1877, p. 50 ; Holtzendorff, *ibid.*, p. 765 ; Halzel, *ibid.*, p. 260 ; Lehr, p. 114.

l'installation définitive avec domicile fixe. Pourquoi ne pourrait-elle pas faire directement ce qu'elle peut faire indirectement? L'inviolabilité de la personne humaine et la liberté absolue de l'état civil forment le droit constitutionnel de tout Français, homme ou femme. Il faudrait un texte explicitement ou implicitement prohibitif pour retirer à une femme séparée de corps, la faculté de changer sa nationalité. Or ce texte n'existe pas (1).

La jurisprudence avait adopté le premier de ces systèmes dans une affaire demeurée célèbre, l'affaire Bauffremont-Bibesco (2). Elle avait décidé que la femme séparée de corps, domiciliée à l'étranger, ne pouvait acquérir la nationalité étrangère qu'avec l'autorisation maritale par ce motif, déclare l'arrêt de la Cour de Paris du 17 juillet 1876, « que si la femme séparée est affranchie des devoirs de cohabitation, et si, de cette liberté

---

(1) De Folleville, *De la naturalisation en pays étranger des femmes séparées de corps en France* ; Blondeau, *Revue de droit français et étranger*, 1884, t. I, p. 644 et 658, et 1885, t. II, p. 133 et 158.

(2) Mlle de Caraman Chimay, mariée à M. de Bauffremont, après avoir obtenu sa séparation de corps, alla s'établir dans le grand duché de Saxe-Altembourg. Elle s'y fit naturaliser sans l'autorisation de son mari ; puis, invoquant la loi du pays, elle demanda et obtint le divorce. Elle épousait bientôt après le prince Bibesco. M. de Bauffremont fit prononcer la nullité du divorce par les tribunaux français. La question fut soumise successivement au Tribunal de la Seine (10 mars 1876, S. 76.2.249), à la Cour de Paris (17 juillet 1876, S. 76.2.249) et à la Cour de cassation (18 mars 1878, S. 78.1.193 ; note de Labbé). Cpr. Weiss, *Traité théorique et pratique de droit international privé*, I, p. 434 et suiv. ; *J. de droit international privé*, 93, p. 1135.

relative, on est autorisé à conclure, réserve faite du droit de la justice d'apprécier les motifs et les circonstances, qu'elle a la faculté de choisir un domicile là où il lui plaît, même en pays étranger, il n'en résulte pas qu'elle puisse de même, à son gré, sans l'autorisation du mari, changer sa nationalité ».

La loi de 1893 étant muette sur cette question, que doit-on décider en présence du silence gardé par le législateur ?

On peut soutenir que cette loi n'infirme en rien la valeur des décisions que nous avons citées. Si, dit-on, les rédacteurs ne se sont pas expliqués expressément sur le point qui nous occupe, c'est qu'ils entendaient se référer tacitement au système de la jurisprudence dont ils consacraient ainsi en quelque sorte les décisions. De plus, ajoute-t-on, les liens du mariage n'étant pas brisés par la séparation de corps, il ne faut pas permettre à la femme de modifier d'elle-même et sans autorisation son statut personnel par un acte aussi important que la naturalisation. On peut alléguer enfin que le but principal, poursuivi par le législateur de 1893, et qui consiste à opposer une digue à l'envahissement du divorce, ne sera pas atteint si l'on permet à la femme de changer sa nationalité. Le mari, dans la crainte de voir sa femme séparée de corps acquérir malgré lui une nationalité qu'il réprouve, intentera une action en divorce de préférence à une demande en séparation.

Nous ne pensons pas cependant que cette interprétation doive être admise. Le silence du législateur ne peut pas être, à notre avis, considéré comme une adhésion tacite aux décisions d'une jurisprudence qui a pour base essentielle l'incapacité de la femme mariée, puisque l'article 3 de la loi nouvelle restitue à la femme séparée le plein exercice de sa capacité civile. L'incapacité est donc aujourd'hui l'exception, et ne peut résulter que d'une disposition expressément restrictive, laquelle n'existe pas. Il serait illogique de supposer au législateur l'intention de maintenir l'autorité d'une jurisprudence en contradiction complète avec le principe nouveau qu'il vient d'introduire dans nos lois ? Si telle eût été réellement son intention, la nécessité d'un texte lui eût paru évidente, et la loi eût certainement contenu une réserve formelle à l'égard du changement de nationalité.

Nous considérons donc que la femme séparée de corps est libre de modifier son état civil, et qu'elle peut sans aucune autorisation acquérir la nationalité du pays où elle a établi son domicile (1).

De cette liberté qu'a la femme de se faire naturaliser, il ne faudrait pas conclure qu'elle pourra valablement, au regard de la loi française, obtenir le divorce en pays étranger et contracter ensuite un nouveau mariage. Il

---

(1) Tous les auteurs sont d'accord sur ce point. V. Cabouat, *op.* et *loc. cit.*; Sarrand, p. 140 et suiv.; Surville, *op. cit.*, 228 et suiv.; Margat, *op. cit.*, p. 107. — Alger, 2 décembre 1893, *Gaz. des Trib.*, 30 juin 1894.

est un principe certain, en effet, c'est que le mariage reste régi par la loi qui était celle des époux lors de la célébration ; ils l'ont alors acceptée comme règle de leur union ; aussi longtemps qu'ils ne changent pas de nationalité tous deux et d'un commun accord, cette loi est applicable, et dans l'espèce, si le mari reste français, le mariage demeure régi par la loi française, notamment en ce qui concerne le mode de dissolution. La femme naturalisée étrangère ne pourra donc pas modifier son statut personnel, de façon tout au moins à en faire rejaillir les effets sur son conjoint resté français.

En résumé, la femme séparée de corps peut se faire naturaliser à l'étranger sans autorisation, mais le mariage, en ce qui concerne notamment ses modes de dissolution, si le mari a conservé la qualité de français, reste régi par la loi française sous l'empire de laquelle il a été célébré (1).

§ 4. — Du louage de services, et de quelques autres contrats concernant la personne.

Occupons-nous maintenant des contrats qui offrent ce caractère particulier qu'ils engagent la personne elle-même de la femme plutôt que ses biens, ou tout au moins peuvent, selon les circonstances, exercer une influence fâcheuse sur l'honorabilité ou la dignité de la femme. Parmi ces contrats, nous citerons le louage de

(1) Cabouat, *op. et loc. cit.*; Surville. *loc. cit.* — Conf. Labbé, *J. du droit international privé*, 1877, p. 19 et suiv.

services sous toutes ses formes, et notamment l'engagement théâtral, la société qui place la femme en relations suivies avec des tiers. La question se pose de savoir si la femme séparée de corps peut, sans autorisation, se lier par l'un de ces contrats auxquels nous
venons de faire allusion.

La difficulté vient de ce que le caractère de gravité
qu'affectent ces contrats, les a fait considérer jusqu'à
ce jour comme ne pouvant être autorisés que par le mari
à l'exclusion de toute intervention de justice. M. Ruben
de Couder, parlant de l'engagement théâtral, déclare
que l'autorisation du mari, en ce qui concerne un acte
qui présente un caractère essentiellement personnel,
ne saurait être suppléée par celle de justice (1). M. Guillouard développe cette idée de la façon suivante : « L'o-
pinion qui nous paraît la plus juridique, dit-il, ensei-
gne que la femme mariée ne peut en principe louer ses
services qu'avec l'autorisation du mari, et que la justice
ne peut l'autoriser au refus de celui-ci. En effet, ce ne
sont pas seulement les intérêts pécuniaires de la femme
qui sont en jeu dans un pareil contrat, ce sont aussi ses
intérêts moraux, son honneur, celui de son mari et de
ses enfants ; cette idée est vraie pour tout louage de
services, elle l'est surtout quand il s'agit d'un engagement théâtral. Or, si les tribunaux peuvent apprécier
les conséquences d'un contrat pécuniaire, aussi bien et

____

(1) Ruben de Couder, *Dict. de droit commercial*, V° *Théâtre*, n° 125.

quelquefois mieux que le mari lui-même, ils ne peuvent se faire juges du caractère de la femme, de la dignité de sa vie, des soupçons que fera naître telle ou telle situation ; il y a là une appréciation tout intime qui ne relève que du mari, seul gardien de l'honneur et de la réputation de la famille » (1).

Ces raisons peuvent être fort puissantes avant la séparation ; il nous semble qu'elles sont insuffisantes une fois la séparation prononcée. Il convient en tous cas de remarquer que la jurisprudence a une tendance de plus en plus marquée à admettre à titre subsidiaire l'intervention de l'autorisation de justice. « Considérant, dit la Cour de Paris, dans une affaire relative à un engagement théâtral, qu'il est, en effet, impossible de reconnaître au mari le droit absolu d'empêcher sa femme d'exercer honnêtement une profession qui serait son unique ressource (2). »

Bien plus, en cas d'abandon de la femme par le mari, il a été jugé que la femme peut faire sans aucune autorisation, même judiciaire, tous contrats tendant à lui procurer des moyens d'existence (3). « Il faut bien alors, dit M. Guillouard, que la femme subvienne à ses besoins et à ceux de ses enfants, et pourvu qu'elle le fasse honorablement, le mari ne peut s'y opposer... Le mari,

_____

(1) Guillouard, *Traité du louage*, II, nᵒ 702. — Rouen, 3 décembre 1858, S. 59. 2. 501.

(2) Paris, 3 janvier 1868, S. 68.2.65 ; Grenoble, 27 janvier 1868, S. 68.2.79.

(3) Cass., 6 août 1878, S. 79. 1. 65.

en l'abandonnant, lui a donné l'autorisation tacite de subvenir à ses besoins (1). »

Eh bien, si l'on entre dans cette voie, si l'on admet que la justice peut intervenir à titre subsidiaire dans les cas que nous avons envisagés, si l'on admet que les contrats par lesquels la femme dispose de sa personne ne sont pas nécessairement subordonnés à l'autorisation du mari, toute raison de douter disparaît. Le texte de la loi est formel, il ne contient aucune restriction et il faut décider que pour le louage de services comme pour tous autres actes juridiques, l'autorisation est devenue inutile.

D'ailleurs, ici encore, de quoi pourrait se plaindre le mari après la séparation ? Si la femme compromet sa dignité dans l'exercice de sa nouvelle profession, si sa conduite autorise des soupçons, le mari a la ressource de lui faire interdire de porter son nom. L'honneur du mari et de la famille ne sera-t-il pas ainsi suffisamment protégé ?

Enfin, à ces considérations, viennent s'ajouter les arguments tirés de l'assimilation complète des biens et de la personne au point de vue de la capacité de la femme séparée de corps. « En un mot, dit M. Arnault dans son rapport, la personne de la femme est absolument affranchie, sauf de l'obligation de fidélité. Pourquoi ses biens ne le seraient-ils pas, comme sa personne, dans la mesure où le permet le contrat de mariage ? »

____

(1) Guillouard, *op.* et *loc. cit.*

En conséquence, nous estimons que la femme séparée de corps peut librement louer ses services et passer tous les contrats présentant même un caractère personnel plutôt que pécuniaire.

§ 5. — Du droit d'entretenir une correspondance en dehors de la surveillance du mari.

Les tribunaux, se fondant sur le texte de l'article 213 duquel résulte que le mari doit protection à sa femme et la femme obéissance à son mari, reconnaissent à celui-ci le droit d'intercepter et de lire la correspondance que la femme adresse à des tiers ou qu'elle reçoit d'eux. En sa qualité de chef de la société conjugale, le mari peut interdire à la femme dans son intérêt personnel et dans celui du ménage, de voir ou de communiquer par écrit avec telle personne déterminée. Cette solution est adoptée par la majorité des auteurs et par la jurisprudence (1).

Le mari a-t-il les mêmes droits après la séparation de corps? La négative ne nous paraît pas douteuse. La loi de 1893 a entendu consacrer l'indépendance de la femme séparée; que deviendrait cette indépendance si le secret et l'inviolabilité des lettres n'étaient pas assurés au regard de tous, même du mari? Cette femme

---

(1) Demolombe, IV, n° 87 *bis*. — Bruxelles, 28 avril 1875, S. 77.2.161 (note de M. Labbé en ce sens); Nîmes, 6 janvier 1880, S. 81.2.54; Cass., 9 février 1883, S. 83.1.137; 15 juillet 1885, S. 86,1.102. — *Contrà*, Laurent, III, p. 162.

peut exercer une profession qui parfois exigera le secret (1) ; elle ne pourrait pas remplir son devoir pro-
fessionnel si sa correspondance était soumise à l'examen d'un tiers quel qu'il fût.

D'autre part, l'épouse séparée est maintenant autorisée à avoir un domicile distinct : que deviendrait ce
droit si le mari pouvait à chaque instant violer son domicile sous prétexte de surveiller sa correspondance ?

D'ailleurs quelles raisons pourrait bien invoquer un
mari, pour exercer après la séparation de corps le droit
dont nous parlons ? Dira-t-il qu'il veut éviter à sa
femme des relations dangereuses pour elle et pour le
ménage ? Ce serait en vain qu'il tenterait de faire valoir de semblables motifs, puisque le ménage n'existe
plus, et que la société conjugale est brisée.

L'intervention du mari n'aurait sa raison d'être que
dans une hypothèse : celle où il prétendrait vouloir
rechercher la preuve de l'adultère de sa femme dans
les lettres de celle-ci (2). Le devoir de fidélité survit en
effet à la séparation de corps, et chacun des conjoints
peut exiger que l'autre observe strictement cette obligation. Même dans cette hypothèse, nous ne croyons
pas devoir déroger au principe que nous avons admis.

---

(1) Telles sont les professions de médecin et de sage-femme
(art. 378, C. P.).

(2) La jurisprudence autorise en principe le mari à rechercher
dans la correspondance de sa femme la preuve de l'adultère de
celle-ci (arrêts précités de la Cour de cassation du 9 février 1883
et du 15 juillet 1885).

Permettre au mari d'intercepter les lettres de sa femme pour y rechercher les preuves de l'adultère, serait donner à l'époux séparé de corps un moyen trop facile de satisfaire des rancunes et d'infliger des vexations, des humiliations à sa femme. On peut objecter que si le mari exerce sur la correspondance de sa femme une surveillance injustifiée, il se rendra coupable envers elle d'une injure très grave (1). Cela est vrai, mais quelle sera la sanction de cette injure grave ? La séparation de corps ? Non, puisqu'elle est déjà prononcée. Le divorce ? Mais les convictions religieuses de la femme lui interdisent peut-être de le demander.

Il faut donc, selon nous, que le mari renonce à vouloir ainsi établir l'adultère de l'épouse et qu'il cherche d'autres modes de preuves, car celui-ci a cessé de lui appartenir.

(1) V. en ce sens : Labbé, note précitée ; Rousseau, *Traité de la correspondance en droit civil et commercial*, p. 142 ; Breton, *De l'inviolabilité, du secret et de la propriété des lettres missives*, p. 174.

CHAPITRE III

Pour compléter les développements dans lesquels nous venons d'entrer, il nous paraît indispensable de fournir quelques brèves indications sur les rapports juridiques qui peuvent exister entre époux séparés de corps. Nous avons vu quels droits le principe nouveau de la capacité confère à la femme séparée dans les relations personnelles et pécuniaires qu'elle peut avoir avec des tiers. Il nous faut examiner maintenant quelle influence exercera la loi nouvelle sur les rapports des époux entre eux, sur les droits et les devoirs de la femme à l'égard de son mari.

Envisageons d'abord les rapports des époux entre eux. Nous examinerons ensuite leurs rapports d'ordre purement juridique.

Les obligations réciproques dont les époux sont tenus à raison même du mariage, et qui sont déterminées par l'article 212 du Code civil, obligations de fidélité, de secours et d'assistance, présentent un caractère plus moral que juridique; elles concernent les relations personnelles plutôt que les relations pécuniaires des époux. Ces obligations qui constituent une sanction de l'union des personnes, subsistent en principe après la séparation de corps dont le trait caractéristique demeure le maintien des liens du mariage.

Après comme avant la loi de 1893, le devoir de fidélité s'impose aux époux même après la séparation de corps, mais il ne comporte de sanction pénale qu'à l'égard de la femme. Il ne peut comporter aucune sanction juridique à l'égard du mari puisqu'il devient impossible à celui-ci d'entretenir sa concubine au domicile conjugal. Le mari a donc encore qualité pour requérir une répression pénale de l'adultère de la femme (art. 337, C. p.). Peut-il, dans le but de prouver le délit d'adultère de celle-ci, surveiller la correspondance de sa femme avec des tiers? C'est une question à laquelle nous avons déjà donné une réponse négative. Par contre, nous croyons que le mari pourrait, afin d'assurer la sanction du devoir de fidélité, demander aux tribunaux de faire défense à la femme de conserver le domicile qu'elle a choisi, si celui-ci lui permet de méconnaître son devoir de fidélité sans crainte d'être inquiétée.

Les obligations de secours et d'assistance survivent-elles à la séparation de corps ?

Avant la loi de 1893, on décidait que l'obligation d'assistance, qui consiste surtout dans des soins personnels, prenait fin, et que l'obligation de secours se résolvait dans l'avenir au profit de l'époux indigent, en allocations de secours pécuniaires, dont le quantum

devait, en cas de difficulté, être fixé par les tribunaux (1).

Nous croyons que la loi de 1893 n'a rien innové à cet
égard. « Les époux, dit M. Arnault, sont mutuellement
affranchis des devoirs *personnels* de secours et d'assistance (2). » Est-ce à dire, comme semble le croire
M. Sarrand (3), que la créance d'aliments entre époux
se trouve supprimée? En aucune manière. Les époux sont
affranchis des devoirs de secours et d'assistance dans
ce qu'ils ont de personnel. Mais les devoirs dont s'agit
subsistent, même après la séparation, en tant qu'ils ont
un caractère pécuniaire. A plusieurs reprises, au cours
de la discussion de la loi, il a été insisté sur cette idée (4).
M. Demôle, dans son rapport, s'est exprimé en ces termes qui ne laissent aucun doute : « Subsiste après la
séparation de corps le droit alimentaire de chacun des
époux l'un contre l'autre (5). »

Et cela se conçoit ! Le devoir de secours n'implique
aucune infériorité ni dépendance. Sa suppression ne
pouvait donc cadrer avec l'esprit général de la réforme.
De plus, même dans le cas de l'article 301, l'obligation
alimentaire survit au divorce. Il convient donc de la

(1) Aubry et Rau, t. V, p. 199, § 492.
(2) Arnault, Rapp., *J. Off.* Chambre, *Doc. parlement.*, 1887, p.440.
(3) Sarrand, *Comment. de la loi*, p. 131.
(4) V. Falcimaigne, *J. Off.*, Sénat, *Déb. parlement.*, 1893, 16 janvier, p. 24.
(5) Demôle, Rapp., *J. Off.*, Sénat, *Doc. parlement.*, 4. 504. — V. Pà-ris, *J. Off.*, Sén., *Déb. parlement.*, Séance du 18 janvier 1887, p. 22.

maintenir en cas de séparation de corps (1). Enfin, telle a bien été la pensée des rédacteurs de la loi. Alors, en effet, que les adversaires de la réforme objectaient qu'en restituant à la femme sa pleine capacité civile, on risquait de compromettre la créance d'aliments du mari, les partisans répondaient que la femme avait les mêmes droits que le mari, sans jouir des mêmes garanties, que l'égalité était donc parfaite. Dès lors, dans l'esprit des rédacteurs, l'obligation de secours subsistait.

Les époux continuent donc à se devoir des aliments comme par le passé. Le quantum en sera fixé par jugement, et il n'y aura pas lieu de distinguer si l'époux indigent a ou non triomphé dans l'instance en séparation (2).

La conversion de la séparation en divorce aura les mêmes effets qu'auparavant. La pension allouée en vertu de l'article 212 disparaîtra. Une nouvelle pension pourra être accordée, mais elle le sera en vertu de l'ar-

---

(1) Article 301 du Code civil. — Si les époux ne s'étaient fait aucun avantage, ou si ceux stipulés ne paraissaient pas suffisants pour assurer la subsistance de l'époux qui a obtenu le divorce, le tribunal pourra lui accorder, sur les biens de l'autre époux, une pension alimentaire qui ne pourra excéder le tiers des revenus de cet autre époux. Cette pension sera révocable dans le cas où elle cesserait d'être nécessaire.

(2) L'article 301 est-il applicable en matière de séparation de corps ? Dans le sens de l'affirmative, V. Massigli, *Examen doctrinal de jurisprudence civile*, *Revue critique*, 1894, p. 142 ; Cass., 24 nov. 1886 ; S. 88, I. 433 ; Labbé, S. 93, I. 225.— *Contrà*, Beudant, *Cours de droit civil français*, t. II, p. 104, note I ; Laurent, *Principes*, III, n°s 309 à 311.

ticle 301 ; elle ne pourra dépasser le tiers des revenus de l'époux débiteur et ne sera accordée qu'à l'époux au profit duquel la séparation aura été prononcée et convertie en divorce. « Que si le jugement de séparation ou un jugement postérieur avait alloué des secours alimentaires à celui des époux contre lequel la séparation de corps a été prononcée, la conversion de la séparation en divorce entraînerait extinction pure et simple de sa créance, et le priverait pour l'avenir de tout droit équivalent, car l'article 301 ne peut être invoqué que par le conjoint en faveur duquel a été prononcé le divorce (1) ».

Ajoutons que l'article 506 qui défère au mari la tutelle légale de sa femme interdite cesse d'être applicable en cas de séparation de corps, conformément à une jurisprudence constante basée sur cette idée que cette forme spéciale d'assistance est intimement liée à la vie en commun (2).

Ainsi, la loi nouvelle n'a modifié en rien les relations personnelles d'ordre moral entre époux séparés.

Il en est de même des rapports pécuniaires et d'ordre purement juridique. En l'absence d'un texte formel abrogeant expressément la législation antérieure sur ce point, on est amené à décider que cette législation a conservé toute sa valeur, sauf cependant sur un point.

---

(1) Cabouat, *Explicat. de la loi*, p. 86.
(2) Nancy, 15 mai 1868, S. 69.2.149 ; Poitiers, 22 avril 1869, S. 69.
2.181.

L'article 1450 (1) rend le mari garant du défaut d'emploi ou de remploi du prix de l'immeuble aliéné par la femme, d'abord en cas d'autorisation de justice, s'il a concouru au contrat ou profité des deniers, puis, suivant l'opinion générale, lorsqu'il a autorisé la vente, eût-elle été faite hors de sa présence (2). Le mari est responsable parce qu'il a concouru à la vente ou l'a autorisée. Or, la loi nouvelle supprime en cas de séparation de corps la nécessité de l'autorisation du mari ou de justice. Le mari n'aura plus à concourir à l'acte ni à l'autoriser ; par suite, sa responsabilité ne pourra plus être engagée, à moins que les deniers de la vente n'aient tourné à son profit, mais alors s'il est responsable, ce sera en vertu du droit commun.

Ce cas excepté, les rapports purement juridiques des époux séparés ne sont point modifiés. De là résulte un défaut d'harmonie regrettable entre la loi de 1893 et le système général du Code civil.

Ainsi, dans leurs rapports contractuels, les époux séparés devraient être libres dans les termes du droit

(1) Art. 1450, C. civ. — Le mari n'est point garant du défaut d'emploi ou de remploi du prix de l'immeuble que la femme séparée a aliéné sous l'autorisation de la justice, à moins qu'il n'ait concouru au contrat, ou qu'il ne soit prouvé que les deniers ont été reçus par lui, ou ont tourné à son profit. Il est garant du défaut d'emploi ou de remploi si la vente a été faite en sa présence et de son consentement : il ne l'est point de l'utilité de cet emploi.

(2) Pour que le mari soit garant du défaut de remploi, il suffit qu'il ait autorisé la femme à vendre, encore bien qu'il n'ait pas été présent à la vente ; cette autorisation suffit pour qu'il soit réputé y avoir concouru. Cass., 1er mai 1848.

commun puisque leur capacité est égale ; la loi aurait dû abolir les restrictions que le Code a apportées à certains contrats entre époux, comme la donation et la vente (art. 1096, 1595). En effet, l'ascendant du mari n'est plus à craindre après la séparation ; ayant perdu toute influence, celui-ci ne peut plus refuser son autorisation et la femme n'a plus besoin de l'acheter. La prohibition de certains contrats entre époux n'a plus aucune raison d'être.

D'autre part, la loi a créé en faveur de la femme mariée, un certain nombre de garanties contre l'omnipotence du mari. Ce sont la garantie d'emploi ou de remploi, dans certains cas et sous certaines conditions, l'hypothèque légale, la suspension de la prescription entre époux (art. 2253), la suspension de la prescription au profit de la femme, lorsque l'action de celle-ci serait de nature à réfléchir contre le mari (art. 2256-2°). La garantie d'emploi ou de remploi disparaît nécessairement en cas de séparation de corps (1), mais les autres garanties subsistent, et de ce chef l'œuvre du législateur de 1893 prête à la critique.

Quant à l'hypothèque légale qui est, a dit un auteur, « *comme le corps de place des sûretés données à la femme sur les biens du mari* (2) », le principe nouveau de la ca-

____

(1) Le remploi reste cependant nécessaire, soit dans les termes du contrat de mariage, soit d'après la loi, au cas de régime dotal ou de combinaison du régime dotal, en ce qui concerne l'aliénation des biens, avec un autre régime.

(2) Cabouat, *Explicat. de la loi*, p. 88.

pacité civile de la femme séparée de corps, aurait dû
en entraîner l'extinction, au moins dans la mesure où
la garantie des droits acquis n'en exige pas impérieu-
sement le maintien. Certes c'eût été innover sur un point
essentiel de notre législation. On sait en effet, que dans
l'état actuel de notre législation, l'hypothèque subsiste, même en l'absence de droits nés et actuels au
profit de la femme. L'hypothèque ne peut être réduite
ou restreinte que dans les hypothèses et sous les
conditions prévues par les articles 2140 et sq. La femme
ne peut y renoncer d'une façon générale. Même en
l'absence de toute créance actuelle, la femme est re-
cevable à la faire inscrire (1).

Le Code civil a voulu réserver l'avenir. Cela se conçoit
pour la femme simplement séparée de biens, l'hypothèque peut lui être encore fort utile. « La femme séparée de biens, restant placée sans allègement d'aucune sorte sous la dépendance du mari, il est simplement prudent de prévoir que celui-ci pourra tenter
d'user de son influence, soit pour la décider à s'engager dans son intérêt ou à lui abandonner la gestion de
ses biens, soit pour accroître démesurément son rôle
dans certaines hypothèses déterminées (art. 1450).
Ceci explique que l'extinction de toute dette antérieure
à la séparation de biens et la libération actuelle du
mari, n'enlèvent à l'hypothèque que quelques-unes

(1) Lyon-Caen, sous Cass.. 20 mai 1878, S. 79, 1, 49.

seulement, mais non toutes ses raisons d'exister (1) ». On peut même, à raison des causes qui motivent la séparation de biens, la prodigalité, l'incapacité de fait du mari, soutenir que les dangers de la subordination de la femme n'ont fait que s'accroître. Dès lors il était nécessaire de la protéger par une sûreté énergique.

Sous le régime du Code civil, la même garantie devait être accordée à la femme séparée de corps. Mais aujourd'hui, la femme séparée qui est pleinement capable, n'a plus à craindre les abus d'autorité du mari, c'est à elle de se ménager la protection de sûretés conventionnelles. Ajoutons, qu'au cas de réconciliation, l'hypothèque devrait renaître, mais uniquement pour l'avenir et sans rétroactivité. D'autre part, l'hypothèque qui doit subsister dans la mesure nécessaire pour assurer l'exécution ultérieure des droits acquis au jour de la séparation, cesserait d'être clandestine, puisque la clandestinité est basée sur l'impossibilité qu'éprouve la femme mariée de veiller à la conservation de ses droits (2). Telle est la théorie que le législateur de 1893, pour être conséquent avec lui-même, aurait dû consacrer, mais qu'en l'absence d'un texte exprès, il est impossible d'admettre.

(1) Cabouat, *Explicat. de la loi*, p. 89 ; V. Demolombe, t. IV, p. 589 ; Aubry et Rau, t. III, § 264 *ter* et note 6, p. 207.

(2) Déjà l'art. 8 de la loi du 23 mars 1855 impose à la veuve, on l'a étendu au cas de divorce, l'obligation rigoureuse de publier son hypothèque dans le délai d'une année. On eût pu astreindre la femme séparée de corps à cette obligation.

La réforme réalisée par la loi de 1893 a-t-elle pour résultat de soustraire les époux séparés de corps au régime de l'article 2253 ? Aux termes de cet article, la prescription ne court pas entre époux. On peut être tenté de dire que la femme recouvrant sa capacité peut et doit veiller à la conservation de son patrimoine, alors même qu'elle exercerait ses droits à l'encontre du mari. Cependant, nous considérons que la suspension de la prescription a encore ici de l'utilité. Fondée sur la nécessité de maintenir la paix dans le ménage, elle a pour but, après la séparation, de ne pas diminuer les chances d'apaisement et de réconciliation. La même solution s'impose dans le cas de l'article 2256, alin. 2, qui suspend la prescription, lorsque l'action de la femme peut réfléchir contre le mari. Il y a, en effet, même motif de décider.

De là que résulte-t-il ? Les rapports juridiques entre époux séparés de corps ont été fort peu modifiés par la loi nouvelle. Il eût cependant été nécessaire d'apporter certains changements pour mettre la législation ancienne en harmonie avec le principe nouveau de la capacité civile de la femme séparée de corps.

TROISIÈME PARTIE

EFFETS DE LA RÉCONCILIATION DES ÉPOUX, SUR LA CAPACITÉ CIVILE DE LA FEMME SÉPARÉE DE CORPS.

———

Le quatrième et dernier alinéa de l'article 3 de la loi du 6 février 1893 (art. 311 nouveau du Code civil) est ainsi conçu : « *S'il y a cessation de la séparation de corps par la réconciliation des époux, la capacité de la femme est modifiée pour l'avenir, et réglée par les dispositions de l'article 1449. Cette modification n'est opposable aux tiers que si la reprise de la vie commune a été constatée par acte passé devant notaire avec minute, dont un extrait devra être affiché en la forme indiquée par l'article 1445, et de plus par la mention en marge : 1° de l'acte de mariage ; 2° du jugement ou de l'arrêt qui a prononcé la sépation, et enfin par la publication en extrait, dans l'un des journaux du département recevant les publications légales.* »

C'est à la suite d'observations présentées au Sénat par M. Griffe, dans les séances des 20 et 25 janvier 1887, que cette disposition, qui ne figurait dans aucun des projets successivement présentés, a été insérée dans la loi.

Elle répond à une double pensée. Tout d'abord, il est inadmissible de maintenir après une réconciliation l'indépendance complète de la femme ; les mesures destinées à la protéger pendant la séparation, à sauvegarder ses intérêts et sa dignité à l'encontre du mari, sont certainement inutiles et même dangereuses après la reprise de la vie commune. Un changement s'impose donc dans la capacité civile de la femme. Mais, d'autre part, ce changement doit être porté à la connaissance des tiers, dans l'intérêt de la sécurité de leurs relations avec la femme ; il faut donc l'entourer d'une certaine publicité.

Tels sont les deux aspects de la question que M. Griffe a nettement indiqués dans les termes suivants : « Je prends le cas de la femme qui a triomphé sur la demande en séparation de corps pour me placer dans l'hypothèse prévue par M. Bardoux ; je suppose que, après avoir obtenu la séparation, et avoir conquis sa capacité entière, un fait que tout le monde désire vienne à se produire, c'est-à-dire la réconciliation des époux : je demande si alors cette capacité absolue ne devra pas être restreinte dans les conditions de l'article 1449, du Code civil ; je demande s'il ne serait pas convenable de dire que cette capacité restreinte ne remplacera la capacité complète résultant du jugement de séparation de corps vis-à-vis des tiers que dans le cas où elle aura été annoncée par un acte public affiché conformément à l'article 1445 ? En un mot, je signale à la commission cette situation qui doit être réglée par analogie avec l'article 1451 du Code civil. En un mot, lorsque la femme est séparée de biens, aujourd'hui, elle peut, avec le consentement du mari, et d'accord avec lui, faire revivre le régime de la communauté légale ou du contrat de mariage qui avait été anéanti par le fait de la séparation de biens. Le régime matrimonial est rétabli du consentement des époux, pour l'avenir seulement. Les faits accomplis demeurent, mais les tiers ne sont liés que par un acte public passé devant notaire en minute, affiché par expédition, conformément à l'article 1445. Je demande que la commission, si l'amendement de M. Bardoux est accepté par elle, règle le cas où la séparation de corps viendrait à cesser par la reprise de la vie commune et la réconciliation des époux, et dise si cette capacité restreinte ne s'établira pas dans les conditions de l'article 1451 (1). »

Sur ces observations, la commission du Sénat proposa une rédaction qui, sans être identique à celle de l'article 3, § 4 de la loi de 1893, contenait cependant en principe qu'après la réconciliation, la capacité de la femme est modifiée pour l'avenir, et régie par les dispositions de l'article 1449 du Code civil. Voici cette rédaction qui, le 28 janvier 1887, fut adoptée par le Sénat : « *S'il y a cessation de la séparation de corps par la réconciliation des époux, dans le cas prévu par l'alinéa*

____

(1) Séance du 20 janv. 1887, *J. Off.*, Sénat, *Déb. parlement.* — V. aussi séance du 25 janv. 1887, Sénat, *Déb.. parlement.*, p. 50-51.

précédent (séparation prononcée contre le mari), la capacité de la femme est modifiée pour l'avenir, et régie par les dispositions de l'article 1449. Cette modification n'est opposable aux tiers que si la reprise de la vie commune a été constatée par acte passé devant notaire avec minute, dont une expédition devra être affichée dans la forme indiquée par l'article 1445. » Ce texte fut complété par la commission de la Chambre qui ajouta la nécessité de la double mention de la reprise de la vie commune : 1° en marge de l'acte de mariage; 2° en marge du jugement ou de l'arrêt de séparation.

Sous l'empire du Code civil, aucune forme spéciale n'était prescrite, pour la réconciliation des époux séparés de corps ; celle-ci résultait du simple fait du rétablissement de la vie commune. Elle avait pour résultat de faire cesser les effets de la séparation de corps quant aux personnes, mais non quant aux biens. La communauté dissoute n'était pas rétablie de plein droit ; les époux réconciliés restaient après comme avant la réconciliation séparés de biens ; ils ne pouvaient faire revivre leur régime matrimonial primitif, qu'en observant les formalités prescrites par l'article 1451 (1).

(1) Art. 1451, C. civ.— La communauté dissoute par la séparation soit de corps et de biens, soit de biens seulement, peut être rétablie du consentement des deux parties. Elle ne peut l'être que par un acte passé devant notaire et avec minute dont une expédition doit être affichée dans la forme de l'article 1445. En ce cas, la communauté rétablie reprend son effet du jour du mariage ; les choses sont remises au même état que s'il n'y avait point eu de séparation sans préjudice néanmoins de l'exécution des actes qui, dans cet inter-

Sous l'empire de la loi nouvelle, la réconciliation résulte encore du simple fait du rétablissement de la vie commune. Elle a pour conséquence de modifier la capacité de la femme qui désormais sera réglée par les dispositions de l'article 1449. Cet effet se produit *ipso jure*. La femme, en reprenant la vie commune, perd la capacité entière que la séparation lui avait rendue. Il est vrai que le nouveau texte exige que la reprise de la vie commune soit constatée par acte authentique et publiée ; mais cet acte notarié et cette publicité sont uniquement exigés pour rendre opposable aux tiers la modification apportée par la réconciliation à la capacité de la femme.

Comparons la situation que le Code faisait à la femme séparée et réconciliée à celle qui lui est faite par la loi nouvelle. Nous constatons que la femme séparée de corps, soumise par le Code civil à l'article 1449, restait, après réconciliation, dans la même situation, à moins que les époux ne rétablissent leur régime primitif en observant les conditions prescrites par l'article 1451. Actuellement, de même, la femme séparée qui est pleinement capable, tombe *ipso facto*, en reprenant la vie commune, sous l'application de l'article 1449 ; sa capacité se restreint aux actes d'administration. Voici la

valle, ont pu être faits par la femme, en conformité de l'article 1449. Toute convention par laquelle les époux rétabliraient leur communauté sous des conditions différentes de celles qui la réglaient antérieurement, est nulle.

différence entre les deux législations : elle concerne les rapports de la femme avec les tiers. Avant la loi de 1893, aucune publicité n'était nécessaire pour rendre opposable aux tiers l'incapacité résultant pour la femme de l'article 1449, car cette incapacité n'était point modifiée par la réconciliation ; la femme incapable avant le rapprochement, restait encore incapable après, et dans les mêmes termes. Aujourd'hui, au contraire, la condition juridique de la femme au point de vue de sa capacité civile, se trouve profondément modifiée. La femme passe du régime de l'entière capacité au régime de la capacité restreinte aux actes d'administration. Il y a là un changement dont il est indispensable d'avertir les tiers pour pouvoir le leur opposer : d'où la nécessité d'un acte notarié et de certaines formalités de publicité.

Telle est la différence entre les deux législations. Mais au fond, dans l'une et dans l'autre, la capacité de la femme séparée et réconciliée est réglée par les dispositions de l'article 1449.

Le législateur a sagement agi en insérant dans la loi la disposition de l'alinéa 4 de l'article 3. Sans elle, en effet, quelle eût été la capacité de la femme séparée de corps et réconciliée ? C'eût été celle que lui avait donnée le jugement de séparation de corps. Capable avant la réconciliation, la femme l'eût été encore après. Or, la pleine capacité de la femme, motivée par la situation spéciale des époux séparés de corps, est inconciliable avec la reprise de la vie commune ; dès lors, le rétablissement de l'autorité maritale s'imposait. Aussi, la loi nouvelle a-t-elle voulu donner à la femme séparée la même situation que celle qui lui était conférée par le Code civil. Seulement, le principe de pleine capacité a rendu nécessaires, dans l'intérêt des tiers, certaines formalités de publicité.

Ceci dit, demandons-nous si l'article 1451, qui permet à la femme séparée de corps et de biens, ou de biens seulement, de faire revivre ses conventions matrimoniales et de leur rendre leur efficacité première, doit continuer à recevoir son application en ce qui concerne la femme séparée de corps, ou si, au contraire, il a été virtuellement abrogé à son égard par la loi qui fait l'objet de notre étude.

C'est en ce dernier sens que se sont prononcés quelques auteurs (1). La loi du 6 février 1893, disent-ils, abroge virtuellement, à l'égard des questions qu'elle a expressément résolues, les textes du Code civil relatifs à la séparation de corps (V. art. 6). Donc, l'article 3, alinéa 4, est le seul dont on ait à tenir compte ; or, il impose aux époux réconciliés le régime de la séparation de biens. Le texte le plus récent abroge le plus ancien.

Il est vrai que les mêmes auteurs sont d'avis qu'il eût été préférable législativement d'attribuer à la réconciliation cet effet de replacer les conjoints sous l'empire

______

(1) Cabouat, *Explicat. de la loi*, p. 82 ; Thiénot, *Revue critique*, 1893, p. 392.

de leur contrat de mariage originaire. Si les époux séparés avaient adopté primitivement le régime de la communauté légale ou conventionnelle, pourquoi leur interdire de faire revivre des conventions matrimoniales
qui trouvent leur principale force et raison d'être dans
la communauté d'existence, et leur imposer un régime
qui, en dehors de certaines circonstances particulières,
ne convient qu'aux époux moralement divisés ? N'est-ce
pas, d'autre part, fournir aux époux un moyen de tourner le principe de l'immutabilité des conventions matrimoniales en substituant la séparation de biens au régime stipulé ? Peut-être a-t-on pensé que la réconciliation échouerait trop souvent si elle devait avoir pour
résultat de replacer purement et simplement la femme
sous le régime antérieur. Le moyen terme de la séparation de biens a cet avantage de n'imposer à la femme
qu'une demi-dépendance dont la perspective ne sera
pas de nature à la détourner par avance de reprendre la
communauté d'existence.

Quoi qu'il en soit, nous ne croyons pas devoir nous
ranger à l'opinion de ces auteurs, opinion qui consiste à
soutenir que l'article 3, § 4, est le seul applicable en
cas de réconciliation d'époux séparés de corps. Nous
croyons que les dispositions des articles 311, § 4 et 1451,
ne renferment rien de contradictoire. Pour qu'il y eût
contradiction, il faudrait que les deux textes impôsas-
sent deux procédures différentes à la femme réconciliée
pour atteindre le même but. Mais, il n'en est pas ainsi. Les

deux textes prévoient deux hypothèses différentes et décrivent deux sortes de publicités différentes. L'un envisage le retour aux clauses du contrat de mariage, après séparation , et énumère certaines mesures de publicité ; l'autre, l'établissement postérieur au mariage, à la suite d'une réconciliation entre époux séparés de corps, du régime de la séparation de biens, et énumère des mesures de publicité plus complètes. Il eût été inexplicable que le législateur donnât le choix à la femme entre deux sortes de publicités pour arriver à la même solution, tandis qu'au contraire, il est facile de comprendre qu'il ait édicté des mesures de publicité plus ou moins rigoureuses, plus ou moins nombreuses, suivant que la femme qui se réconcilie désire changer de régime matrimonial et se placer sous le régime de la séparation de biens, ou désire simplement faire revivre son contrat de mariage, suivant, en un mot, que la femme veut user d'une sorte de droit ou profiter d'une faveur.

Au surplus, et bien que la loi soit muette sur la question, les travaux préparatoires sont éminemment favorables à cette interprétation. Voici en effet, en quels termes M. Griffe terminait son discours au Sénat : « Si les époux voulaient même aller plus loin, et faire revivre leur contrat de mariage, ils en auraient la faculté en usant du bénéfice de l'article 1451 ». Et M. Arnault s'exprimait ainsi : « Nous croyons que le quatrième alinéa de l'article 3 du projet ne prive pas les époux de ce rétablissement de l'ancien régime matrimonial ; ils peuvent, au cas précédent, se placer sous le régime de la séparation de biens, cela n'est pas douteux, mais ils peuvent aussi, comme dans les autres cas, suivre la règle de l'article 1451 qui reste conçu en termes généraux et doit continuer à s'appliquer à toutes les femmes séparées (1) ».

Des auteurs considérables se prononcent dans le même sens (2).

Il nous reste à rechercher sous quelles conditions la modification dans la capacité de la femme séparée et réconciliée est opposable aux tiers ; en d'autres termes, quelles sont les formalités dont l'accomplissement fait présumer que les tiers sont avertis du changement intervenu ? Disons en passant qu'il est peut-être regrettable que le législateur n'ait pas cru devoir étendre à la séparation de biens la publicité qu'il a organisée pour la séparation de corps. Il n'y avait, en effet, aucune raison pour que la publicité fût différente dans les deux cas. Les formalités prescrites par la loi du 6 février 1893 sont au nombre de quatre :

1° La réconciliation ou reprise de la vie commune doit être constatée par acte passé devant notaire avec minute (art. 1451, alinéa 2) ;

---

(1) *J. Off.*, *Doc. parlement.*, Chambre, 1887, p. 438.

(2) Bressolles, *op. cit.*; Margat, *op. cit.*, p. 173 ; Sarrand, *op. cit.*, p. 142 ; Tournier, *Revue du notariat*, 1893, p. 336 ; Bonnet, *J. du notariat*, 16 février 1893.— Trib. civ.Nîmes, 30 juillet 1896, **D.** 97,2,325.

2° Expédition de cet acte doit être affichée dans la forme indiquée par l'article 1445, c'est-à-dire sur un tableau à ce destiné dans la principale salle du tribunal de première instance, et de plus, si le mari est marchand, banquier ou commerçant, dans celle du tribunal de commerce du lieu de son domicile ;

3° Mention de la réconciliation et de la reprise de la vie commune doit être faite en marge : 1° de l'acte de mariage ; 2° du jugement ou de l'arrêt qui a prononcé la séparation ;

4° Extrait de l'acte qui atteste la réconciliation, doit être publié dans l'un des journaux du département recevant les publications légales.

Ces deux dernières formalités étendent la publicité dont l'article 1451 entourait déjà la réconciliation des époux séparés de corps ou de biens. Aux formalités déjà prescrites par l'article 1445, viennent donc s'en joindre de nouvelles dont l'utilité est évidente.

M. Arnault donne les motifs de cette innovation : « Il faut noter, dit-il, une addition relative à la publicité qu'on ne saurait prescrire trop grande dans l'intérêt des tiers. On s'était contenté, lorsque la reprise de la vie commune a été constatée, par acte passé devant notaire avec minute, de la publicité prescrite par l'article 1445, c'est-à-dire l'affiche d'un extrait de cet acte sur un tableau à ce destiné dans la principale salle du tribunal de première instance, et de plus, si le mari est marchand, banquier ou commerçant, dans celle du tribunal de commerce du lieu de son domicile. Il faut convenir qu'en fait ce tableau couvert d'un grillage peut être d'une lecture assez difficile ; aussi, l'article voté exige en outre la mention du dit acte notarié en marge, tout à la fois de l'acte de mariage et du jugement ou de l'arrêt qui a prononcé la séparation. Il exige enfin la publication en extrait du même acte dans l'un des journaux du département recevant les annonces légales. On ne peut qu'applaudir. Les tiers sont ainsi bien avertis que la femme est de nouveau placée sous le régime de l'autorisation maritale (1). »

Cette extension de la publicité, destinée à rendre celle-ci plus effective, est un acheminement vers une institution qui gagne chaque jour des partisans et qui a reçu sa première application dans une loi du 16 mars 1893 relative à la publicité à donner à la décision qui pourvoit un individu d'un conseil judiciaire. Il s'agit du casier civil sur lequel serait inscrit tout évènement modifiant l'état et la capacité des personnes (2). La troisième formalité imposée pour la publicité de la réconciliation répond à cette idée. Le législateur a voulu que la modification intervenue fût mentionnée en marge des actes sur lesquels elle exerce son influence, actes qui, appelés à renseigner les tiers, auraient pu les induire en erreur, s'ils n'étaient complétés par la mention de la

---

(1) Arnault, *Examen de la loi*, p. 50 et 51.

(2) V. sur le casier d'état civil, *Revue critique*, 1893, Petiet, p. 582 ; 1893, Charmont, p. 468.

réconciliation. Désormais les intéressés qui consulteront l'acte de mariage ou le jugement de séparation, sauront que cette séparation a été suivie de réconciliation.

Nous avons précédemment décidé que le régime primitif pouvait être rétabli en cas de réconciliation, et que l'article 1451 n'était pas abrogé. Examinons quelle est alors la publicité applicable. Il faut distinguer deux hypothèses. Si la communauté est rétablie par l'acte même de réconciliation, la publicité étendue de l'article 311 suffit ou plutôt les deux publicités des articles 311 et 1451 sont applicables, mais comme l'article 1451 est absorbé par l'article 311, il suffit en fait d'observer les prescriptions de ce dernier texte. Si la communauté est rétablie par un acte postérieur, la réconciliation a été publiée conformément à l'article 311, et les époux ont vécu sous le régime de l'article 1449 jusqu'au jour où conformément à l'article 1451, ils reprennent leur régime matrimonial primitif. Pour rendre cette convention opposable aux tiers, il suffit de publier l'acte conformément à l'article 1451. L'inscription en marge de l'acte de mariage et du jugement ou de l'arrêt de séparation, est inutile. L'article 311 n'est pas applicable à notre hypothèse.

Pour terminer, énumérons les diverses situations possibles pour les époux réconciliés et notamment pour la femme en ce qui concerne sa capacité.

Sous l'ancienne législation, deux situations étaient de nature à se présenter. Les époux qui se réconciliaient

sans retour au régime primitif, restaient séparés de
biens et la capacité de la femme était déterminée par
l'article 1449. Si au contraire, ils rétablissaient le régime primitif, par acte authentique et publié dans les
formes légales, la femme reprenait la situation qui lui
était attribuée par le contrat de mariage. Mais, si les
formalités de publicité n'avaient pas été accomplies, le
rétablissement du premier régime matrimonial, valable
entre époux, n'était pas opposable aux tiers et, à leur
égard, la femme jouissait, après la réconciliation, de la
capacité que lui avait donnée le jugement de séparation.

Depuis la loi nouvelle, plusieurs situations sont possibles pour la femme. S'il y a reprise de la vie commune,
sans formalités, sans publicité, les époux sont séparés
de biens, et la capacité de la femme est restreinte aux
actes d'administration (art. 1449), mais seulement dans
ses rapports avec son mari ; à l'égard des tiers, elle reste
pleinement capable.

Si les formalités de l'article 311, acte notarié, extrait,
mentions, etc... ont été remplies, les époux sont séparés
de biens, et même à l'égard des tiers, la femme n'a que
la capacité de l'article 1449.

Enfin, une troisième hypothèse est à prévoir pour
ceux qui admettent le rétablissement du régime primitif. Si, dans l'acte notarié qui constate la réconciliation ou dans un acte postérieur, les époux déclarent
formellement qu'ils veulent non seulement reprendre
la vie commune, mais faire revivre aussi leur régime

matrimonial primitif, alors la condition de la femme devient à nouveau ce qu'elle était avant la séparation. Toutefois, cette convention n'est opposable aux tiers que si les formalités légales ont été accomplies.

Les diverses situations que nous venons d'envisager sont de nature à créer des complications regrettables et des difficultés sans nombre. Une femme séparée de corps et réconciliée pourra successivement être soumise : 1° au régime de la séparation de biens vis-à-vis de son mari et au régime de la séparation de corps dans ses rapports avec les tiers ; 2° au régime de la séparation de biens au regard de tous ; 3° au régime de son contrat de mariage.

Peut-être peut-on élever de ce chef une critique contre la réforme. Il est certain que le législateur de 1893, après avoir restitué à la femme séparée de corps sa pleine indépendance, ne pouvait la maintenir dans cette situation après la réconciliation ; une modification s'imposait. Mais cette modification devait-elle nécessairement consister dans la substitution du régime de la séparation de biens au régime de la séparation de corps? La logique ne commandait pas cette solution : la séparation de biens est destinée à sauvegarder la dot mise en péril par la mauvaise administration du mari, et nous ne voyons pas qu'il soit nécessaire de prescrire une semblable mesure au moment où deux époux séparés de corps vont reprendre la vie commune.

Il eût été préférable, à notre avis, de consacrer le système admis par notre ancien droit, et d'obliger les époux à se replacer sous l'empire de leur contrat de mariage (1). Cette solution aurait présenté le grand avantage d'éviter les changements multiples qui peuvent se produire dorénavant dans la situation de la femme séparée, puis réconciliée. Objectera-t-on que ce système constituerait une entrave à la réconciliation des époux, et que la femme séparée de corps, qui jouit de sa pleine capacité, ne voudra jamais se replacer dans l'état de dépendance auquel la soumettait son contrat de mariage, tandis qu'elle acceptera la liberté relative que lui laisse la séparation de biens ? A cela nous répondrons que l'épouse qui, pour se réconcilier, renonce à tous les droits que la séparation de corps lui avait donnés relativement à sa personne, n'hésitera probablement pas à faire le même sacrifice en ce qui concerne ses biens.

(1) Pothier, *Traité de la communauté*, n° 523.

CONCLUSION

Nous avons établi le principe de la capacité civile de
la femme séparée de corps, son étendue d'application.

Aux termes de la loi du 6 février 1893, la femme séparée de corps recouvre le plein exercice de sa capacité
civile. La volonté certaine du législateur a été d'affranchir la femme séparée de corps de la puissance maritale
sous quelque aspect qu'elle puisse se présenter, dans
quelque domaine qu'elle ait à s'exercer. La femme séparée de corps devient capable d'accomplir tous actes
quelconques, que ces actes soient d'intérêt exclusivement pécuniaire, ou qu'ils engagent sa personne elle-
même.

Cette innovation est peut-être bien hardie. N'était-il
pas plus rationnel, plus logique, plus conforme à cette
idée fondamentale que la séparation de corps relâche
simplement le lien conjugal sans le rompre, de maintenir intacte l'autorité maritale, en tant qu'elle a pour objet la direction morale de la personne de la femme ? Il
est permis de le croire.

Quoi qu'il en soit, le législateur ne s'est pas arrêté à
cette idée. La femme séparée de corps devient capable
et elle le devient, que la séparation ait été prononcée à

son profit ou qu'elle ait été prononcée contre elle. Voilà le principe certain qui se dégage de la loi du 6 février 1893.

Il ne faut pas cependant en exagérer la portée. La puissance maritale seule est anéantie. Avec elle, disparaissent les incapacités qui en étaient comme la sanction. Mais toutes les incapacités qui ne se rattachent pas à la puissance maritale et qui existaient entre époux, se trouvent maintenues. M. Arnault, dans son rapport à la Chambre a pris soin de mettre ce point en lumière : « Ainsi, avec cet article (l'article 3 de la loi), plus de distinction entre les femmes séparées de corps, en ce qui touche la capacité ; mais il est à peine besoin d'ajouter qu'il ne fait pas disparaître les différences qui peuvent avoir été établies, selon que la séparation est prononcée pour ou contre elles, soit par le Code civil, soit par des lois spéciales. La jurisprudence pourra continuer à appliquer l'article 299 du Code civil à la séparation de corps (1). — La disposition de l'article 1518 reste en pleine vigueur. La femme contre qui la séparation a été prononcée, ne pourra, en cas de veuvage,

____

(1) L'article 299 décide que « l'époux contre lequel le divorce aura été prononcé, perdra tous les avantages que l'autre époux lui avait faits, soit par contrat de mariage, soit depuis le mariage ». Cet article est-il applicable en cas de séparation de corps ? En doctrine, les avis diffèrent. En jurisprudence, la question ne se discute plus, et est regardée comme résolue dans le sens de l'affirmative depuis un arrêt de la Cour de cassation du 23 mai 1845, D. 45, 1, 225. — V. Caen, 29 janvier 1872, D. 72, 2, 159 ; Chambéry, 4 mai 1872, D. 73,2,129 ; Caen, 11 février 1880, D. 81,2,183.

prétendre à aucune pension militaire ou civile (1). — La séparation continuera à faire perdre à l'époux survivant, contre qui elle aura été prononcée, la jouissance des droits d'auteur assurée par la loi au conjoint survivant. — De même restent en vigueur, entre époux séparés, toutes les dispositions de la loi qui ne sont pas relatives à la capacité. Nous avons déjà eu occasion de mentionner la survivance de l'inaliénabilité de la dot sous le régime dotal avec toutes ses conséquences (art. 1561). Nous pouvons ajouter les dispositions sur le droit de succéder (2), sur les donations, la vente, la prescription entre époux, etc... »

Mais tout ceci n'intéresse que la femme séparée de corps et ne s'applique pas à la femme séparée de biens.

Les auteurs de la loi de 1893 n'ont poursuivi qu'un but : opposer une digue à l'envahissement du divorce :

(1) Un des effets du mariage est d'assurer à la veuve du fonctionnaire public une portion de la pension de retraite que son mari aurait obtenue ou pu obtenir. D'après l'article 13 de la loi du 9 juin 1853, la femme contre laquelle la séparation de corps a été prononcée perd son droit à la pension de veuve.

(2) Sous l'empire du Code, la séparation de corps à l'inverse du divorce laissait subsister le droit réciproque de successibilité entre époux. Si le même droit n'appartenait pas à l'époux divorcé, c'est que la qualité d'époux à laquelle ce droit est attaché, avait disparu par l'effet de la dissolution du mariage (art. 767). — Il en est autrement depuis la loi du 9 mars 1891 relative aux droits de succession du conjoint survivant qui a modifié l'article 767. Cette loi assimile la séparation de corps au divorce, sous le rapport qui nous occupe, du moins en ce qui concerne l'époux contre lequel la séparation est prononcée. Le divorce enlève aux deux conjoints le droit de succession entre époux, la séparation n'enlève ce droit qu'au conjoint contre lequel elle est prononcée.

c'est pour atteindre ce but qu'ils ont songé à améliorer
le régime de la séparation de corps, à rendre la séparation
de corps plus habitable pour lui permettre de lutter avec
avantage contre les séductions du divorce, à mettre un
terme à ces abus du pouvoir marital qui avaient leur
cause dans la désunion, la mésintelligence des époux
séparés de corps. Ils devaient, en conséquence, après
avoir réglementé le régime de la séparation de corps,
considérer leur tâche comme terminée, et ils ne devaient
pas songer, et ils n'ont pas songé, à la situation de la
femme séparée de biens qui ne vit pas nécessairement
en mauvaise intelligence avec son mari, et pour qui la
nécessité de solliciter et d'obtenir l'autorisation maritale ne présentait pas les mêmes inconvénients, les
mêmes dangers, n'engendrait pas les mêmes vexations,
les mêmes humiliations que pour la femme séparée
de corps.

Cependant aujourd'hui, alors que la femme séparée
de corps recouvre le plein exercice de sa capacité civile,
tandis que la femme séparée de biens judiciairement ou
par contrat de mariage continue à n'avoir d'autres
droits que ceux que lui confèrent les articles 1449 et
1586, il est impossible de ne pas reconnaître que de ce
chef notre législation présente un véritable défaut de
concordance et d'harmonie.

Comment y remédier ? Nous avons déjà écarté cette
solution radicale qui consisterait d'une manière générale à proclamer l'égalité absolue de l'homme et de la

femme, à reconnaître à la femme mariée une capacité
complète. Nous persistons à croire que le pouvoir marital doit être maintenu dans ce qu'il a d'essentiel. L'association conjugale a besoin d'un chef. Ce chef tout
désigné, c'est le mari. Mais le pouvoir marital, si rigoureux, si excessif, ne doit-il pas subir quelques tempéraments ?

Nous avons examiné précédemment quel avait été,
dans l'esprit des rédacteurs du Code, le fondement de
l'incapacité de la femme mariée ? Nous avons admis,
avec les auteurs les plus considérables, avec MM. Aubry
et Rau notamment, que le législateur de 1804 avait eu en
vue ce double but : « sanctionner pour tous les actes
de la vie civile le devoir d'obéissance imposé à la
femme, et garantir son patrimoine en tant qu'il est
destiné à subvenir aux besoins du ménage et à assurer
l'avenir de la famille ». En un mot, nous avons admis
que le législateur de 1804 avait donné à l'incapacité
de la femme mariée ce double fondement, d'une part
la puissance maritale, de l'autre l'intérêt de la famille,
la défense des intérêts matrimoniaux.

Les auteurs de la loi de 1893 sont-ils restés fidèles à
cette conception de notre droit civil ? Non ! Il tombe
sous le sens qu'en admettant que l'autorisation maritale
peut disparaître complètement au cours du mariage,
que la femme, au cours du mariage peut recouvrer le
plein exercice de sa capacité civile, ils l'ont profondément bouleversée. Ils ont par là même admis que les

restrictions apportées à l'exercice des droits civils de la femme n'étaient qu'une conséquence de la puissance maritale.

Aujourd'hui d'ailleurs, dans l'état de nos mœurs, est-il possible d'assigner à l'incapacité de la femme mariée une autre base, un autre fondement? « A mesure que la civilisation se développe, et que le droit progresse, stimulé par les mœurs, nous voyons la femme prendre une place de plus en plus large dans nos sociétés. Elle a cessé d'être l'esclave du mari, pour devenir sa compagne et son associée. Elle collabore avec lui à la prospérité des intérêts communs. Dès lors, loin de diminuer ses aptitudes juridiques, le mariage semble au contraire les développer, car, en fait, la femme se trouvera mêlée à presque tous les actes consentis par le mari.....

« Soutiendra-t-on qu'il importe de protéger la famille contre les actes de la femme? Nous observerons d'abord qu'on réintroduit dans le débat la notion de l'incapacité *propter sexum*..... Qu'on se méfie du reste ! Si l'on veut sauvegarder les intérêts des enfants, ce n'est pas seulement la femme mariée qu'il faudra déclarer incapable, c'est encore la veuve, c'est encore la femme divorcée. L'une et l'autre peuvent par une mauvaise gestion dilapider un patrimoine qui devait revenir à leurs enfants (1). »

---

(1) Margat, *Etude sur la loi du 6 février 1893*, p. 39 et 40.

Que si l'on admet ce principe que l'autorisation maritale, l'incapacité de la femme mariée n'ont d'autre
base, d'autre fondement que la puissance maritale, si
l'on part de ce point de vue qui a été incontestablement
celui du législateur de 1893, voici, à notre avis, les solutions qui s'imposent.

D'après l'article 223 de notre Code, toute autorisation
générale, même stipulée par contrat de mariage, n'est
valable que quant à l'administration des biens de la
femme. Instituée uniquement dans l'intérêt du mari,
l'autorisation désormais pourra être générale. « En admettant pour un instant qu'une autorisation puisse
être assimilée à une abdication indirecte du pouvoir
marital, il est un correctif dont l'introduction dans la
loi fera disparaître les inconvénients qu'elle peut présenter, c'est le principe que cette autorisation sera toujours révocable, soit qu'elle ait été inscrite dans le
contrat de mariage, soit qu'elle ait été donnée au cours
de l'union conjugale (1). »

De même, si le mari est en état de minorité, d'interdiction, d'absence déclarée ou présumée, nous estimons
que la femme majeure doit pouvoir ester en justice et
procéder sans autorisation de justice à tous les actes
pour lesquels, aujourd'hui, elle doit être autorisée.

Le mari peut être indigne. Notre Code ne vise qu'un
seul cas d'indignité. Lorsque, dit l'article 221, le mari

____

(1) Pascaud, *De la capacité civile*, p. 49.

est frappé d'une condamnation emportant peine afflictive ou infamante, encore qu'elle n'ait été prononcée
que par contumace, la femme même majeure ne peut,
pendant la durée de la peine, ester en jugement ni contracter qu'après s'être fait autoriser par le juge qui peut
en ce cas donner l'autorisation sans que le mari ait été
entendu ou appelé. Mais, il est facile de concevoir d'autres cas d'indignité. Le mari a été condamné à l'empri-
sonnement ; il a été pourvu d'un conseil judiciaire ; il
est en faillite. Comment admettre qu'il puisse autoriser
sa femme ? Nous estimons que dans tous ces cas la
femme doit pouvoir procéder seule, même sans autorisation de justice, et même au cas d'incapacité du mari.

Enfin, aux termes de l'article 225, la nullité résultant du défaut d'autorisation peut être opposée par la
femme, par le mari, ou par leurs héritiers. Nous estimons que cette nullité devrait ne pouvoir être invoquée
que par le mari. « L'absence d'autorisation fait surtout
grief au mari ; elle porte atteinte à ses pouvoirs, et peut
même léser ses intérêts pécuniaires, si les circonstances
le faisaient déclarer responsable des agissements de sa
femme. Quant à celle-ci et à ses héritiers, il serait
étrange qu'ils soient fondés à invoquer leur propre
faute ou la faute de leurs auteurs, à l'effet de faire res-
cinder des actes dont l'irrégularité n'est imputable qu'à
eux seuls, alors que la nullité dont ils excipent ne touche pas à l'ordre public. Dira-t-on que la femme ayant
pu nuire à ses intérêts en contractant comme elle l'a

fait, il faut lui réserver comme une ressource suprême le moyen d'annulation tiré du défaut d'autorisation ? Mais, pour s'affranchir des conséquences de ses actes, elle a le droit commun, elle peut faire déclarer ses engagements nuls, pour vice de consentement, dol, fraude, lésion des sept douzièmes (1). »

Voilà quelques solutions d'ordre général. Allons plus loin. Envisageons en eux-mêmes les actes soumis à l'autorisation maritale, et recherchons sous chacun des régimes matrimoniaux, quels sont les tempéraments qu'il est possible d'apporter à la rigueur du pouvoir marital, quelles sont les réformes compatibles avec le nouveau principe consacré par le législateur de 1893.

Aux termes de l'article 1401, la communauté légale se compose activement : 1º de tout le mobilier présent et futur des époux ; 2º des fruits et revenus de leurs biens propres, 3º des immeubles acquis en commun par les époux pendant le mariage. — Tous les profits réalisés par le travail de l'un ou de l'autre des époux ou

____

(1) Pascaud, *De la capacité civile de la femme mariée*, p. 51. — Faut-il, si l'on admet que l'autorisation maritale n'a d'autre fondement que la puissance maritale, décider que la femme pourra librement contracter avec son mari ? Nous ne le pensons pas : « avec les pouvoirs considérables que lui accorde la loi, pour peu qu'il ait su ne pas se faire détester, un mari aura en pareille occurrence une influence prépondérante ; si la femme ne peut pas résister à ses pressantes demandes, à ses sollicitations intéressées, elle compromettra peut-être l'avenir de la famille. Contre une si périlleuse éventualité, une mesure protectrice est nécessaire, et la meilleure, c'est la substitution de l'autorisation de justice à l'autorisation du mari » (Pascaud, *op.* et *loc. cit.*).

par leur collaboration commune, entrent dans la communauté (1). Nous admettons qu'il conviendrait de modifier l'article 1401 en ce sens que désormais les salaires et profits de la femme seraient assimilés à des propres mobiliers jusqu'à concurrence du tiers ou de la moitié de leur quantum et que la femme aurait le droit de disposer librement de cette quote part.

D'autre part, aux termes de l'article 1421, le mari administre seul les biens de la communauté. Il peut les vendre, les aliéner et hypothéquer sans le concours de la femme. Ce droit, certes, peut paraître exorbitant, et on a proposé de compléter l'article 1421 en conférant à la femme un droit d'opposition dont elle devrait faire usage à peine de forclusion dans la quinzaine qui suivrait la signification de la vente à elle faite extra-judiciairement par l'acquéreur (2).

Aux termes de l'article 1422, le mari peut disposer des effets mobiliers de la communauté à titre gratuit et particulier au profit de toutes personnes, pourvu qu'il ne s'en réserve pas l'usufruit. Ici encore, on a proposé de réduire le droit du mari dans des proportions telles que la valeur dont il pourrait disposer, n'excéderait pas le montant de deux années de revenus communs (3).

Il est interdit à la femme d'aliéner ou d'hypothéquer ses immeubles propres. La puissance maritale, a-t-on

---

(1) V. Dalloz, *Rép. alph.*, *Suppl.*, V° *Contrat de mariage*, n° 200.
(2) Pascaud, *op. cit.*, p. 53.
(3) Pascaud, *ibid.*

dit, serait-elle méconnue en ce qu'elle a d'essentiel, si, sans lui permettre d'ailleurs la constitution d'hypothèque, la loi autorisait tout au moins la femme à aliéner ses propres, sauf opposition du mari ? « Ce qui serait paralysé par ce procédé, ce ne serait pas la puissance maritale, mais l'abus qui en serait fait ; car le mari, obligé de déduire à l'appui de son opposition les motifs de son refus, hésiterait à les soumettre à la justice, s'ils étaient dénués de valeur (1). »

Enfin, si l'article 1428 interdit au mari d'aliéner les immeubles personnels de la femme sans son consentement, la jurisprudence refuse à la femme toute action en revendication avant la dissolution de la communauté. On a proposé de décider par un texte formel que la revendication pourrait être formée dès le lendemain de l'aliénation irrégulière (2).

Nous ne croyons pas que ces diverses réformes puissent être accueillies. Nous estimons qu'admettre ces solutions, ce serait organiser le conflit dans la communauté. « Dérivée de l'autorité maritale, l'autorisation maritale puise sa raison d'être dans la nécessité d'assurer l'unité de direction indispensable à la bonne gestion des intérêts matrimoniaux..... Dès qu'il y a collaboration entre les époux, et par suite, dès qu'un conflit peut se produire à l'occasion d'un intérêt commun, la suprématie doit être accordée au mari (3). » Au surplus, et

(1) Pascaud, *op. cit.*, p. 54.
(2) Pascaud, p. 55.
(3) Margat, *op. cit.*, p. 44-45.

en fait, dans la pratique, le concours de la femme n'est-il pas déjà la règle?

Les mêmes raisons doivent faire écarter ces solutions,sous le régime de la communauté conventionnelle, et même sous le régime sans communauté sous lequel le mari acquiert sur les biens de la femme des droits qui peuvent justifier son intervention.

Mais, il n'en sera pas de même sous le régime de la séparation de biens. Sous ce régime, en effet, il n'y a plus lieu d'assurer cette unité de direction nécessaire, indispensable à la bonne gestion des intérêts matrimoniaux. Les patrimoines sont distincts. Mais, faut-il aller jusqu'à attribuer à la femme la plénitude de la capacité civile (1)? Nous ne le croyons pas. Le mariage existe. Il importe aux intérêts même de l'association conjugale que la puissance maritale ne soit pas anéantie.

En conséquence, pour les droits dont l'exercice met en jeu la personne même de la femme, l'autorisation maritale devra continuer à s'exercer. De même, la femme séparée de biens pour transiger, pour compromettre, devra être autorisée par son mari ou par justice. Elle aura le droit d'aliéner, d'hypothéquer ses immeubles, sauf opposition du mari. Avec les économies réalisées sur ses revenus, elle pourra valablement acquérir à titre onéreux, pourvu que le mari ne forme pas d'opposition dans la quinzaine, par exemple, de la signification qui lui sera faite de l'acquisition par le

(1) V. en ce sens Margat, p. 47.

vendeur. Quant à tous autres actes, ils seront réputés faits pour les besoins et dans les limites du droit d'administration. Ils échapperont à la nécessité de l'autorisation, et la femme pourra, en ce qui les concerne, ester librement en justice.

Enfin, on devra appliquer ces règles sous le régime dotal, aux biens paraphernaux dont l'administration appartient exclusivement à la femme, et dont la condition est identique à celle des biens qui forment le patrimoine de la femme séparée de biens.

Voilà les réformes qui nous paraissent, dans l'état de nos mœurs, de notre législation, pouvoir être accueillies pour améliorer la situation de la femme et qui, dans une certaine mesure tout au moins, seraient de nature à faire disparaître ce défaut d'harmonie, que nous avons signalé, et qui résulte de l'admission par le législateur de 1893 du principe de la pleine et absolue capacité civile de la femme séparée de corps.

TABLE DES MATIÈRES

DEUXIÈME PARTIE

DES EFFETS DU PRINCIPE DE PLEINE CAPA- CITÉ DE LA FEMME SÉPARÉE DE CORPS.

TROISIÈME PARTIE

Imp. G. Saint-Aubin et Thevenot. — J. Thevenot, successeur, Saint-Dizier.